Frank Lausberg

ERSTE HILFE
FÜR DEN HUND

W0175074

Kosmos

Grundwissen Erste Hilfe ▸ 4

Allgemeine Notfallsituationen ▸ 34

Notfallsituationen einzelner Organsysteme ▸ 68

Geburt und weibliche Geschlechtsorgane   ▶ 104

Service   ▶ 112

Grundwissen Erste Hilfe

Grundwissen Erste Hilfe

▶ **Erste Hilfe für Hundehalter**

Die häufigsten Verletzungen, die man sich durch Hunde zuziehen kann, sind natürlich Bißverletzungen, aber auch die Krallen eines strampelnden Hundes (Abwehrreaktion) können zu unangenehmen Verletzungen führen. Besonders gefährdet sind hierbei die Augen! Außerdem kann ein kräftiger Hund, beispielsweise wenn er erschreckt wird, den „Herrn" oder das „Frauchen" am anderen Ende der Leine durch plötzlichen Zug in Gefahr bringen, besonders auf dem Fahrrad!

Besonders fremde Hunde, aber auch die eigenen können in Notsituationen aus Gründen der Angst oder des Schmerzes aggressiver sein und beißen. Zur Verhinderung solcher Bißverletzungen sehen Sie bitte unter „Helfen ohne Risiko" (S. 20) nach.

▶ **Allgemeine Vorbeugung**

Fremde Hunde vorsichtig und ruhig behandeln: beriechen lassen (Handrücken), man muß sich zunächst kennenlernen! Hunde nie (auch nicht für kurze Zeit) Menschen überlassen, die ihnen von ihrer Körperkraft her nicht gewachsen sind (Kinder, alte Menschen). Größte Vorsicht bei angeleinten Hunden am Fahrrad – Sturzgefahr!

DER AGGRESSIVE HUND ▶
– hat Ohren und / oder Schwanz hochgestellt,
– knurrt, fletscht die Zähne,
– fixiert Sie mit seinem Blick,
– hat enge Pupillen,
– hat evtl. die Nackenhaare gesträubt,
– macht sich insgesamt groß.

DER ANGST-BEISSER ▶
– legt die Ohren an und hat den Schwanz eingezogen,
– schaut meist zur Seite, hat weite Pupillen,
– fletscht die Zähne,
– knurrt nicht immer, schnappt plötzlich,
– duckt sich, macht sich klein.

Es gibt ebenfalls Kombinationen aus beiden Typen, außerdem kann auch ein gelassener, freundlicher Hund bei plötzlichem Schmerz (beispielsweise Manipulation an der Wunde) plötzlich beißen!

Bißwunden sind grundsätzlich infiziert. Durch die Fangzähne der Hunde entstehen Stich- und durch Zug Rißwunden, die oft stark bluten, v.a. an den Händen, Armen und Beinen.

	10 Goldene Regeln **Notfall-/Unfallverhütung**
1	Ein Hund muß jederzeit unter Kontrolle sein (Körperkraft, Gehorsam, Blickfeld)
2	An verkehrsreicher Straße immer an der Leine
3	Vorsicht: Hund und Fahrrad / Hund und Pferd
4	Im Sommer Hund nie allein im Auto lassen
5	Nie Knochen füttern
6	Fressen und trinken nur zu Hause
7	Nach dem Fressen nicht herumtollen
8	Gifte (z.B. Schnecken-, Ratten-, Insektengifte) immer außerhalb der Hundereichweite aufbewahren
9	Vorsicht bei jungen Hunden mit Elektrokabeln, herunterziehbaren Gewichten, schluckbarem „Spielzeug"
10	Immer aktueller, vollständiger Impfschutz

Die Gefahren, die im Straßenverkehr lauern, sind groß. Deshalb gehören auch gut erzogene Hunde an die Leine.

Was ist zu tun?
– Wunde so lange wie möglich unter (möglichst fließendes) kaltes Wasser halten;
– Wunde mit Wundantiseptikum behandeln;
– Wunde mit sterilen Gaze-Tupfern aus dem Verbandskasten ganz bedecken;
– mit sterilen Mullbinden Verband anlegen (wenn notwendig Druckverband, s. S. 25, entspricht dem Druckverband beim Hund);
– zum Hausarzt oder ins Krankenhaus zur weiteren Wundversorgung;
– auf Tetanus-Impfschutz achten, falls notwendig impfen lassen (Antiserum)!

▶ **Lebenszeichen**

Merke: Ein einziges Anzeichen genügt für das Vorhandensein von Leben!
- ▶ Herzschlag
- ▶ Atmung
- ▶ Reflexe (u.a. Hornhaut-reflex, s.u.)

▶ Lebenszeichen / Todeszeichen

Warum ist das überhaupt ein Thema, wo es doch darum geht, Leben zu retten?

Aus zwei wichtigen Gründen ist es für einen Nothelfer zunächst wichtig zu wissen, ob der Hund noch lebt oder bereits tot ist.

1. Es soll Sie ein bißchen beruhigen und evtl. Panik verhindern, wenn Sie wissen, der (geliebte) Hund lebt noch (obwohl vielleicht bereits Herz und Atmung ausgefallen sind)!
2. Oft findet man fremde Hunde (oder andere Tiere) vor allem am Straßenrand vor, bei denen man sich zunächst fragt: Wie lange schon? Lohnt sich erste Hilfe oder der Transport zum Tierarzt noch, oder ist das Tier vielleicht schon seit längerem tot?

Aus diesen Gründen möchte ich Anzeichen für Leben und Tod gegenüberstellen, die sich von Ihnen leicht überprüfen lassen.

REFLEXE ▶ Folgende Reflexe sind leicht hervorzurufen und fallen in der folgenden Reihenfolge proportional zur Koma-Tiefe nacheinander aus:

1. Zwischenzehenreflex: Sie kneifen in die Haut zwischen zwei Zehen des Hundes
   Reflex: das Bein wird angezogen (oder zuckt).
2. Lidreflex: Sie berühren ein Augenlid des Hundes
   Reflex: das Auge wird geschlossen.

Aggressivität bei Hunden kann provoziert werden, wenn sie sich nicht artgerecht begrüßen können, weil die Leine auf Zug gehalten wird.

3. Hornhautreflex: Sie drücken leicht mit dem Finger auf das geöffnete Auge des Hundes (eben auf die Hornhaut). Reflex: das Auge wird geschlossen.

Weitere Todeszeichen in Reihenfolge ihres zeitlichen Auftretens:

Durch den Ausfall des Kreislaufs „versackt" das Blut im Körperinneren und nimmt so die Wärme mit sich, denn das Blut ist im Körper das, was das Wasser in einer Zentralheizung ist. Außerdem wird sämtliches Gewebe, das nicht mehr durchblutet wird, blaß und trocken. So kommt es sehr schnell zu folgenden Zeichen:

1. Totenblässe: Bei Tieren weniger an der Haut, aber gut an den Schleimhäuten (S. 12) zu erkennen: sie werden weiß.
2. Totenkälte: Beginnt immer an den „Körperenden": Beine, Schwanz, Ohren; Vorsicht auch bei Schock!
3. Totenauge: Das Auge trocknet aus, es wird auf der Oberfläche faltig und sinkt in die Augenhöhle zurück.

Anschließend kommt es in zeitlicher Abhängigkeit von vielen Faktoren (Streß vor dem Tod, Außentemperatur und vieles mehr) zur allseits bekannten Totenstarre, die sich 2 oder auch erst 12 Stunden nach dem Tod einstellen kann.

Diese löst sich allerdings auch wieder, so daß alle Gelenke wieder so beweglich werden, wie kurz nach dem Tod, nämlich durch Fäulnisprozesse, die sich (mit Austrocknungsprozessen) anschließen, da der Organismus sich nicht mehr gegen eindringende Bakterien wehren kann.

Wie erreicht man am schnellsten einen Tierarzt?

TELEFONISCH ▶ Wenn ein Telefon in der Nähe ist, sollte auf jeden Fall zunächst der nächste diensthabende Tierarzt angerufen werden.

Um diesen zu erreichen, gibt es folgende Möglichkeiten:

1. Sie rufen irgendeinen Tierarzt im näheren Umkreis an (diesen finden Sie unter „Tierärzte" im Telefonbuch oder in den „Gelben Seiten") oder Ihren Haustierarzt. Außerhalb der Sprechstunde wird, wenn er nicht selbst ans Telefon geht, ein Band abgespielt, das Ihnen den zuständigen Notfalldienst nennt oder wo er zu erreichen ist.
2. In den meisten Tageszeitungen ist der tierärztliche Notfalldienst der betreffenden Nacht bzw. des Wochenendes aufgeführt, in der Regel unter dem humanmedizinischen oder dem Apotheken-Notdienst.

▶ **Todeszeichen**

Merke: Auch wenn alle drei Todeszeichen vorhanden sind, ist evtl. noch eine Reanimation (s. dort) möglich, denn das bedeutet nichts anderes als den „Animus" (lat.: Geist) „re" (lat.: zurück-)zuholen, obwohl bereits der klinische Tod stattgefunden hat!

▶ kein Herzschlag
▶ keine Atmung
▶ keine Reflexe (s.u.)

▶ **TIP**

Andere Tierhalter, Hundebesitzer, Förster und v.a. Bauern wissen auch meist einen Tierarzt in der Nähe!

3. Für Großstädte gibt es häufig feste Telefonnummern für den tierärztlichen Notfalldienst (so wie für den humanmedizinischen Notfalldienst).

4. Schauen Sie in den „Gelben Seiten" des betreffenden Kreises unter der Rubrik „Tierärztliche Kliniken". Für tierärztliche Kliniken gelten besondere Rechtsvorschriften, unter anderem, daß sie täglich 24 Stunden Notdienst-Bereitschaft haben müssen. Wichtig ist hier der vollständige Begriff „Tierärztliche Klinik", da nur dieser für den Anspruch bürgt („Tierklinik" nicht).

5. Falls weder die Telefonnummer des Haustierarztes noch Telefonbuch oder Tageszeitung vorhanden sind, können Sie auch die Feuerwehr (112) bzw. die Polizei (110) anrufen, welche Sie dann weitervermitteln.

Es ist sicher günstig, eine der oben genannten Telefonnummern (z.B. Haustierarzt oder tierärztliche Klinik) ständig bei sich zu haben, da nicht immer ein Telefonbuch oder eine Tageszeitung verfügbar sind. Schreiben Sie sie doch in Ihren Taschenkalender, auf ein Blatt in Ihrem Geldbeutel, oder speichern Sie die Nummer in Ihrem Handy – sofern Sie eines besitzen.

▶ Checkliste Telefongespräch

☐ Was ist passiert?

☐ Wann ist es passiert?

☐ Welche äußerlich sichtbaren Verletzungen liegen vor (vor allem starke Blutungen)?

☐ Ist der Hund bei Bewußtsein (reagiert er z.B. auf seinen Namen)?

☐ Was fällt Ihnen noch an Außergewöhnlichem auf (z.B. ungewöhnliche Körperhaltung, Krämpfe, aufgeblähtes Aussehen)?

☐ Möglicherweise können Sie, nachdem Sie dieses Buch gelesen haben, außerdem einige physiologische Parameter des Hundes weitergeben (Puls, Atmung, Temperatur, Schleimhäute) – der Tierarzt wird es Ihnen danken.

▶ Das Telefonat mit dem Tierarzt

Sie werden sich nun vielleicht fragen, ob in einem Notfall ein Telefonat nicht nur eine reine Zeitvergeudung bedeutet, aber dem ist mit Sicherheit nicht so. Es gibt eine Menge guter Argumente für ein solches Telefonat, von denen ich die wichtigsten einmal nennen möchte: Die tierärztliche Praxis oder Klinik kann sich individuell auf den kommenden Fall vorbereiten (z.B. Infusionen anwärmen oder Blutkonserven bzw. Blutspender / OP-Vorbereitung / Hilfspersonal anfordern, bei Vergiftungen Gegengift besorgen und vieles mehr).

Der Tierarzt kann sich durch gezielte Fragen ein Bild vom Zustand des Hundes machen und Ihnen vielleicht weitere wichtige Maßnahmen nennen, die sofort zu treffen sind (außer denen, die in diesem Buch stehen). Oft müssen Sie zu einer Praxis oder Klinik, in der Sie noch nie waren, so daß Sie vielleicht eine Wegbeschreibung benötigen.

Wenn Ihnen dennoch die Zeit zu knapp erscheint, kann vielleicht jemand anderes, dem die Situation bekannt ist, die
tierärztliche Praxis informieren, während Sie sich bereits auf
den Weg machen. Meist wird der Tierarzt, mit dem Sie telefo-
nieren, Ihnen die folgenden Fragen der Checkliste ohnehin stellen, und weitere kurze Fragen werden evtl. hinzukommen. Versuchen Sie, soweit es Ihnen möglich ist, diese ruhig und präzise
zu beantworten. Die Informationen zu den folgenden Fragen
sollten auf jeden Fall weitergegeben werden. Sie werden feststellen, daß Sie den Informationen ähneln, die auch im menschli-
chen Notfall der Feuerwehr / Polizei weitergegeben werden.
Lassen Sie sich eine Wegbeschreibung geben, falls Sie den Weg
zur betreffenden Praxis zum ersten Mal fahren!

Ein Hund sollte nur zu
Hause fressen. Haben
Sie gesehen, daß wäh-
rend des Spazierganges
etwas gefressen wurde,
so könnte dies Ursache
für manche Erkrankung
des Magen-Darm-Trak-
tes sein.

▶ **Beurteilung des Allgemeinbefindens**

Das Allgemeinbefinden eines Lebewesens sagt uns nicht, ob ein Tier krank oder gesund ist, aber ob es ihm schlecht geht oder nicht. Anders gesagt: Ist das Allgemeinbefinden gestört, dann ist das Tier krank, ist es aber nicht gestört, bedeutet dies nur, daß es ihm wahrscheinlich nicht sehr schlecht geht, daß es aber durchaus krank sein könnte.

Das Allgemeinbefinden beurteilt man durch die Bewertung verschiedener Faktoren, beispielsweise über folgende Fragen:
– Verhält sich der Hund anders als sonst?
– Frißt der Hund? Setzt er normalen Kot ab?
– Zeigt er eines der folgenden Anzeichen?
    Husten
    Atembeschwerden
    Schwäche / Zittern
    aufgekrümmter Rücken
    Schmerzäußerungen bei Berührung bestimmter Körperteile
    Teilnahmslosigkeit
    mattes, struppiges Haarkleid
    trinkt viel / wenig

Aber auch einige Parameter aus der Physiologie (das ist die Lehre aller gesunden Vorgänge im Organismus) können leicht bestimmt werden und sind wichtige Faktoren zur Beurteilung des Allgemeinbefindens. Es handelt sich hierbei um folgende Meßgrößen, die allesamt leicht von Ihnen bestimmt werden können:
1. Puls- bzw. Herzfrequenz / Minute
2. Atemfrequenz / Minute
3. Körpertemperatur
4. Schleimhäute

Die Normalbereiche für Puls-, Herz- und Atemfrequenz entnehmen Sie bitte der Tabelle, denn sie sind abhängig von Größe und Gewicht des Hundes.

Wie mißt man Puls und Herzfrequenz? Zunächst zum Puls: Der Pulsschlag ist die Weiterleitung der Druckwelle vom Herzschlag durch die Blutgefäße. Diese Welle kann man fühlen und zwar beim Hund an der Oberschenkelarterie. Hierzu geht man wie folgt vor: Sie schieben eine Hand mit der Handfläche zum Innenschenkel vom Schwanz aus zwischen die Oberschenkel und zwar so weit oben wie möglich. Jetzt beugen Sie Ihre Fingerspitzen um den Vorderrand des Oberschenkels, und dann

---

▶ **Normalwerte
unserer Hunde**

Körpertemperatur
    38 – 39° C
Atemfrequenz
    ca. 20 – 30 Atemzüge bei
    großen Hunden
    30 – 50 Atemzüge bei
    kleinen Hunden
Pulsfrequenz
    70 – 100 Schläge bei großen
    Hunden
    90 – 120 Schläge bei kleinen
    Hunden
Schleimhaut
    rosa
Bei Streß und/oder körperlicher Belastung steigen diese Werte an.

Der Puls wird bei Hunden innen am Oberschenkel gefühlt.

ziehen Sie Ihre Hand langsam entlang des Innenschenkels zurück, wobei Ihre Fingerspitzen (mit etwas Druck) über die Haut des Innenschenkels gleiten. Dabei ertasten Sie verschiedene Strukturen, die an Ihren Fingerspitzen vorbeigleiten (v.a. Muskelstränge und Bänder). Schließlich kommt ein – je nach Hundegröße – bleistiftminen- bis bleistiftgroßes Blutgefäß an Ihre Fingerkuppen, und Sie können bei leichtem Druck auf dieses Gefäß eine an- und abschwellende Pulswelle fühlen (wie beim Menschen auch).

Das Auffinden dieser Oberschenkelarterie ist beim ersten Mal nicht einfach! Man braucht Übung, um den Puls schnell fühlen zu können, aber nach ein wenig Training an Ihrem Hund wird es ganz einfach.

Falls Sie einmal keinen Puls ertasten können, kann dies mehrere Ursachen haben:
Arterie nicht gefunden,
Puls zu schwach (bei Blutdruckabfall, z.B. bei Schock),
Verschluß einer vorgeschalteten Arterie (Thromboembolie).

DAS HERZ ▶ Das Herz beim Hund liegt wie beim Menschen mehr auf der linken Körperhälfte (zu $^2/_3$), so daß man es auch besser von links aus abhört.

> ▶ **Info**
>
> Falls kein Puls zu fühlen ist: immer das Herz abhören!

Das Feld auf der Körperoberfläche, von dem aus das Herz am besten zu hören ist, läßt sich wie folgt eingrenzen: Den Raum zwischen zwei Rippen (der Hund hat auf jeder Seite 11 Rippen und eine sogenannte Fleischrippe) nennt man Zwischenrippenraum. Man kann diese Räume von kopfwärts in Richtung schwanzwärts abzählen. Zwischen dem 3. und dem 6. Zwischenrippenraum oberhalb einer gedachten waagerechten Linie in Höhe des Ellenbogens befindet sich das handflächengroße Feld zum Abhören des Herzens.

Wie beim Menschen hört man hauptsächlich zwei schnell aufeinanderfolgende Herztöne, die zusammen als ein Herzschlag gezählt werden. Diese Töne werden erzeugt, wenn die Herzklappen – sozusagen als Verschlußventil – zugeklappt werden. Alles, was den Raum zwischen Herz und Körperoberfläche verdichtet, also auch Fett, läßt das Herz scheinbar leiser schlagen.

Zum Abhören des Herzens benötigt man nicht unbedingt ein Stethoskop. Dieses ist nur ein etwas verstärktes, verlängertes Ohr. Fast genausogut eignen sich die beiderseits am Kopf angewachsenen „Stethoskope", nämlich die Ohren, zum Abhören der Herztöne und somit zum Ermitteln der Herzfrequenz. Hierfür muß man das Ohr nur dicht genug an das beschriebene Feld der Körperoberfläche anlegen.

Möchten Sie sich allerdings lieber eines Stethoskops bedienen, können Sie dies in einem Sanitätshaus erwerben oder es sich über Ihren Tierarzt oder Hausarzt besorgen lassen.

DIE TEMPERATUR ▶ Die Temperatur oder richtig ausgedrückt „Körperinnentemperatur" wird im Organismus durch Verbrennungsvorgänge und ein kompliziertes Steuerungssystem in einem Rahmen gehalten. Dieser beträgt beim Hund unabhängig von der Rasse oder Größe (im Gegensatz zu Herz- und Atemfrequenz) 38 – 39° C, beim Welpen bis zu 39,3° C.

Nehmen Muskelarbeit und/oder Verbrennungsvorgänge sehr stark ab, oder schafft es der Körper nicht mehr, sich einer extrem niedrigen Außentemperatur anzupassen, dann sinkt die Körpertemperatur unter den Normalbereich. Bei Fieber, Aufregung, erhöhter Muskelarbeit und extremer Außentemperatur, die nicht kompensiert werden kann, steigt sie.

Zu messen ist die Körperinnentemperatur mit einem handelsüblichen Fieberthermometer für Menschen, wie auch beim Menschen, im After. Hierfür wird das Thermometer vorsichtig in den Darmausgang eingeführt, wobei der Schwanz hochgehal-

ten wird und, falls notwendig, der Hund unter dem Bauch angehoben wird, damit er sich nicht setzt. Es empfiehlt sich, die Spitze des Thermometers vor dem Einführen mit einem Gleitmittel
zu versehen, z.B. Paraffin-Öl oder Baby-Creme.

DIE SCHLEIMHÄUTE ▶ Im Organismus finden sich zahlrei-
che Schleimhäute, und einige davon sind von außen beurteilbar.
Hierzu zählen:
– die Konjunktivalschleimhaut auf der Innenseite des Augenlides
– die Maulschleimhaut: alles, was im Maul rosa ist, v.a. die
  Zahnfleischoberfläche
– die Schleimhaut des Darmausganges
– die Schleimhaut des Scheidenvorhofs, bzw. die Vorhaut des
  Penis

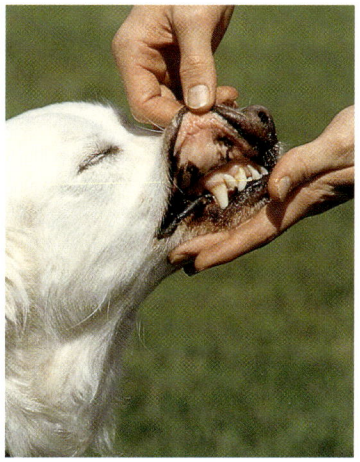

Zartrosa sieht die physiologische („gesunde") Maulschleimhaut eines Hundes aus.

Am besten zu beurteilen sind die Konjunktival- und die Maulschleimhaut.
Schleimhäute sollen immer folgendermaßen aussehen (ein
Psalm der Tiermediziner): rosarot, feucht, glatt, glänzend und
ohne Auflagerungen.
– Rosarot, da gut durchblutet;
– feucht, glatt und glänzend, da muköser Schleim die Schleimhäute bedeckt, insofern die Versorgung der Schleimhaut normal funktioniert;
– ohne Auflagerungen bedeutet v.a. ohne entzündliche, beispielsweise diphteroide (gelbliche) Auflagerungen.

Sind die Schleimhäute blaß (anämisch), so ist das Kreislaufge-
schehen nicht in Ordnung;
sind die Schleimhäute bläulich (zyanotisch), ist die Sauerstoff-
versorgung im Organismus gestört;
sind die Schleimhäute trocken und matt, ist der Körper wahrscheinlich ausgetrocknet (dehydriert);
sind die Schleimhäute rot oder voller Auflagerungen, sind sie
wahrscheinlich entzündet.

Machen Sie sich ein Bild von den Schleimhäuten Ihres Hundes,
damit Sie stets wissen, wie sie bei Ihrem Hund normalerweise
aussehen.

So klappt es, wenn Sie den Hund
alleine tragen müssen.

TIP

*Sprechen Sie ruhig
und leise mit Ihrem
Hund und nennen Sie
oft seinen Namen.*

▶ Das Verhalten gegenüber verletzten und kranken Hunden

Bleiben Sie ruhig!

Als engagierter Hundehalter wissen Sie, in welch manchmal unglaublicher Weise sich ein Hund am Verhalten und an der psychischen Verfassung seines Vertrauensmenschen orientiert. In einem Notfall, wenn ein Hund vielleicht große Schmerzen und / oder Angst hat, im Schock ist und überhaupt die ganze Situation nicht versteht, ist diese Orientierung um so bedeutender.

Infolgedessen sollten Sie, so schwer es sicherlich in diesem Moment fällt, soweit es Ihnen möglich ist, nicht in Panik verfallen. Ihre Nervosität, Angst, Panik, Unruhe überträgt sich massiv auf das Tier; es wird selbst noch unruhiger, nervöser, ängstlicher – was sich immer negativ auf das Krankheitsgeschehen, insbesondere auf den Kreislauf (-> Schock) auswirkt.

So kann möglicherweise ein ohnehin instabiler Kreislauf gänzlich zusammenbrechen. Merkt der Hund Ihnen hingegen Ihre Ruhe an, wird er selbst ruhiger und kann seine körperlichen Reserven viel besser nutzen.

Dies ist ein ganz zentraler Punkt in diesem Buch, dem Sie oft wiederbegegnen werden.

Sprechen Sie mit Ihrem Tier. Es braucht jetzt Ihre Nähe. Wenn Sie mit ihm sprechen, fühlt es sich nicht allein gelassen. Was Sie sagen, ist zweitrangig (erzählen Sie ihm beispielsweise, was Sie am nächsten Tag mit ihm vorhaben, etc.).

Bleiben Sie aus dem gleichen Grunde bei Ihrem Tier. Wenn möglich fahren Sie nicht selbst zum Tierarzt, sondern bleiben Sie bei Ihrem Hund auf der Rückbank. Im OP schließlich, falls eine Operation notwendig ist, ist meistens aufgrund der Sterilität (zugunsten Ihres Hundes) keine Möglichkeit mehr gegeben, dabeizubleiben, aber dann ist das Tier sowieso bereits in Narkose und würde Ihre Anwesenheit nicht mehr wahrnehmen.

Kümmern Sie sich nur um Ihr Tier. Lassen Sie sich nicht von Unbeteiligten ablenken, die dann wissen wollen: „Was ist denn da passiert? / Wie konnte denn so etwas passieren? etc." Das interessiert überhaupt nicht.

Vermeiden Sie so weit als möglich Streß für das Tier. Streß ist wie Angst und Panik reines Gift für den schon kreislaufgeschädigten Notfallpatienten. Herzfrequenz und Blutdruck beispielsweise werden noch mehr in die Höhe getrieben, der Kreislauf kann zusammenbrechen.

Passen Sie auf, daß Sie nicht gebissen werden! Fremde Hunde, aber auch die eigenen können ungewohnt aggressiv sein, wenn sie z.B. große Schmerzen haben. Wenn Sie auch noch verletzt werden, sich gegebenenfalls verarzten müssen, bedeutet dies eine vermeidbare Zeitvergeudung.

Möglicherweise sollten Sie lieber auf die in diesem Buch beschriebenen Zwangsmaßnahmen zurückgreifen.

▸ **Der Transport von verletzten und kranken Hunden**

Jeglicher Transport eines Hundes (außerhalb eines Fahrzeugs), der nicht mehr in der Lage ist, selbständig zu gehen, soll auf einer (improvisierten) Trage geschehen. Dies setzt allerdings voraus, daß man mindestens zu zweit ist. Ist man jedoch alleine, kann der Hund nur auf dem Arm (ein Arm unter der Brust / ein Arm unter dem Bauch) getragen werden.

Als Trage eignet sich am besten eine stabile Unterlage (möglichst gepolstert), wie beispielsweise ein in der Größe entsprechendes Brett oder eine Tischplatte, da hier Knochenbrüche und insbesondere Wirbelsäulenverletzungen am stabilsten gelagert werden können.

Ein Herunterrutschen würde vermeidbaren Streß (Schmerzen) oder zusätzliche Verletzungen bedeuten.

> **Streß kann erzeugt werden durch:**
>
> 1 Schmerzen (auch ständiges Manipulieren an der Wunde)
>
> 2 ständige Lageveränderungen
>
> 3 Hund rutscht von der Trage
>
> 4 Ungewohntes
>
> 5 Lautes (z.B. laute Musik im Auto, dessen Fahrer Sie fährt, aber sich keine derartigen Gedanken macht)
>
> 6 schlechte Luft (z.B. durch Zigarettenrauch)
>
> 7 Hitze

Vorsichtiger Transport eines verletzten Hundes auf einer mittels Handtuch improvisierten Trage.

Mit diesem Handgriff verhindern Sie ein Verrutschen des Hundekopfes auf der Trage.

Weiterhin kann auch eine weiche Trage benutzt werden, beispielsweise Decke, Handtuch, Jacke, etc. Hierbei fassen zwei Helfer je zwei Ecken der Trage.

Oft kommt es aufgrund der Eile zu vermeidbaren Schmerzen oder Verletzungen der Hunde dadurch, daß die bereits verletzten Körperteile an Türrahmen anstoßen oder durch schnelles Zuschlagen der Autotür der Schwanz des Hundes einklemmt. Dies bedeutet wiederum vermeidbaren Streß für den Hund und / oder zusätzliche Verletzungen!

WELCHES FAHRZEUG? ▶ Falls kein eigenes Fahrzeug zur Verfügung steht, ist die beste Alternative das Taxi. Wichtig ist hierbei, daß dem Taxiruf direkt mitgeteilt wird, daß es sich 1. um einen Notfall und 2. um ein (u.U. stark blutendes) Tier handelt, damit Sie einerseits schnell bedient werden und andererseits ein Taxi kommt, welches Tiere transportiert. Andernfalls muß erst diskutiert werden, oder ein anderes Taxi muß bestellt werden, und wertvolle Zeit geht verloren.

Fahrten mit Bus oder Bahn sind immer die schlechtere Alternative, denn sie dauern meist erheblich länger und sind aufgrund ungewohnter Umgebung, Geräusche und vieler fremder Menschen für das Tier mit erheblichem Streß verbunden, und Streß ist – wie Sie bereits wissen – „Gift im Notfall". In diesem Fall ist es sicher besser, der Tierarzt kommt zu Ihnen. Erklären Sie ihm die Situation, wenn er selbst nicht kommen kann, schickt er Ihnen einen Kollegen.

In einigen Großstädten gibt es spezielle Tiertransport-Unternehmen (diese sind über die Stadtverwaltungen zu erfahren).

IM AUTO ▶ Wie Sie sicher wissen, gilt für den Transport von Tieren aus tierschützerischer Sicht immer: So kurz wie möglich. Leider wird dieser Grundsatz allzu oft gebrochen, aber insbesondere für kranke und verletzte Tiere ist er besonders wichtig. Für unseren Fall heißt das, daß der Hund zunächst am besten in die nächste Tierklinik bzw. zum nächstgelegenen Tierarzt transportiert wird, da eine Notversorgung zunächst von jedem Tierarzt übernommen werden kann, und nicht in eine etwaige renom-

> **TIP**
> *Derjenige am Kopfende des Hundes hält mit einer Hand sowohl die Deckenecke als auch zusätzlich (mit dem Daumen) das Halsband des Hundes; ein guter Tip, damit der Hund nicht herunterrutschen kann.*

mierte Klinik gefahren wird, die möglicherweise 50 km oder mehr entfernt liegt. Der Hund wird gegebenenfalls ohnehin vom behandelnden Tierarzt in eine Fachklinik überwiesen, aber ein Tierarzt kann diese Notwendigkeit viel besser beurteilen. Außerdem muß das Tier möglicherweise ohnehin zunächst in einen operationsfähigen Zustand gebracht werden (Ausnahme: Magendrehung s. S. 87, akuter Bandscheibenvorfall; s. S. 102).

Wie schon im Kapitel „Verhalten gegenüber kranken und verletzten Hunden" erwähnt, soll auch der Transport (Umfeld) von kranken und verletzten Hunden so streßfrei wie möglich sein. Folgende Punkte sind hierbei u.a. zu berücksichtigen:
– Im Auto sollten Sie trotz der Aufregung nicht rauchen, die Luftqualität wird zu schlecht;
– besonders im Stadtverkehr nicht rasen, denn ständiger Wechsel von Gas / Bremse führt zu starker Unruhe des Autos;
– keine laute Musik (natürlich werden Sie selbst Ihr Radio nicht laut stellen, aber vielleicht werden Sie gefahren, und der Fahrer bedenkt dies nicht).

Bleiben Sie nah bei Ihrem Hund, und sprechen Sie ihm beruhigend zu. Falls möglich, fahren Sie nicht selbst (Sie sind evtl. ohnehin zu nervös), sondern setzen Sie sich am besten zu Ihrem Hund auf die Rückbank.

Dem gleichen Prinzip folgend, wie dem des Kindersitzes oder des Anschnallens, ist auch für den Hund (wenn auch oft gut gemeint) viel Platz im Auto gefährlicher als nützlich, da er bei starkem Bremsen im freien Raum umhergeschleudert wird. Dies gilt insbesondere für den verletzten oder kranken Hund. Das bedeutet, daß ein Platz auf der Rückbank für den Hund sicherer ist als der geräumige Kofferraum eines Kombis. Es gibt übrigens auch spezielle Anschnallgurte für Hunde, die an die normalen Autogurte angeschlossen werden können.

Es gelten beim Transport im Auto dieselben Regeln, wie im Kapitel „Verhalten gegenüber verletzten und kranken Hunden" bereits ausgeführt.

ZUR LAGE DES HUNDES ▶ Ist der Hund bei Bewußtsein, wird er sich selbst in eine Körperhaltung bringen, die für ihn am günstigsten, am wenigsten schmerzhaft oder am besten zum Atmen ist.

Ständige Lageveränderungen bedeuten somit Schmerzen oder Streß dadurch, daß der Hund immer wieder in eine andere Lage zurückwill, und sind deswegen unbedingt zu vermeiden!

▶ Info

Wird eine stabile Unterlage benutzt, muß der Hund so festgebunden werden, daß er nicht herunterrutschen kann.

▶ Transport des Hundes

1. In rechter Seitenlage (linke Körperseite oben) transportieren (dies erleichtert die Herzarbeit!).

2. Bei einseitigen Rippenbrüchen auf die verletzte Seite legen, da die intakte Seite des Brustkorbes so besser arbeiten kann.

3. Nicht auf äußerliche Wunden legen! Diese sollen außerdem mit sterilen Gaze-Tupfern aus dem Verbandskasten bedeckt werden.

4. Brüche stabil lagern, d.h. so, daß sie während der Fahrt so wenig wie möglich in Bewegung sind (s. S. 25, „Verbände").

Ist der Hund nicht mehr bei Bewußtsein oder kann er seine Körperhaltung nicht selbständig korrigieren, sind für den Transport des Hundes nebenstehende Punkte zu berücksichtigen.

► Helfen ohne Risiko: Zwangsmaßnahmen

Ich weiß, der mittlerweile in der Tiermedizin feste Begriff „Zwangsmaßnahmen" erzeugt beim Tierbesitzer meist unschöne Assoziationen, aber glauben Sie mir, es hört sich schlimmer an, als es ist.

Man will nur präzise ausdrücken, daß man Maßnahmen an einem Tier ausführt, die für das Tier einen Zwang bedeuten (wie beispielsweise auch eine Hundeleine).

Diese Maßnahmen sind aus den folgenden Gründen extrem wichtig:

1. Sie müssen Ihre erste Hilfe rasch und präzise anwenden, dauernde Abwehrbewegungen des Hundes verzögern alles oder lassen eine Behandlung erst gar nicht zu.
2. Wenn der Hund sich, unter Umständen in Panik, heftig zur Wehr setzt, kann er sich noch mehr verletzen.
3. Sie können ebenfalls schwer verletzt werden (vor allem durch Bisse), so daß dann auch noch Sie oder ein anderer Helfer verarztet werden müssen (Zeitvergeudung).

Bedenken Sie, daß Hunde die Situation oft überhaupt nicht verstehen können und vielleicht große Schmerzen haben und somit aggressiver werden können. Dies gilt nicht nur, aber insbesondere für fremde Hunde.

Zwangsmaßnahmen erzeugen aber immer auch mehr oder weniger Streß für den Hund. Das bedeutet, Zwangsmaßnahmen sind immer nur dann anzuwenden, wenn sie wirklich notwendig sind.

Die folgenden Maßnahmen sollen Ihnen somit helfen, physiologische Parameter (siehe S. 12) überhaupt erst feststellen und Erste Hilfe anwenden zu können:

1. Hund an einem Objekt fixieren,
2. das Maul zubinden,
3. den Hund niederlegen,
4. den Hund liegend fixieren,
5. den Kopf richtig festhalten,
6. bei intravenösem Zugang helfen.

Hund an einem Objekt fixieren:

Die allererste Maßnahme muß immer die sein, den Hund unter

Der Hund ist über seine Leine am Geländer fixiert und kann nicht mehr nach dem Helfer schnappen. Ein fester Griff an beiden Hinterbeinen unterstützt diese Maßnahme.

Kontrolle zu bringen. Vor allem verunfallte Hunde befinden sich in einem psychischen Zustand, der sie dazu veranlaßt zu flüchten und sich zu verstecken. Mit der dann notwendigen Fangaktion und Suche verursachen Sie immer vermeidbaren Streß, und lebenswichtige Zeit geht verloren.

Falls der Hund nun um sich schnappt und niemanden an sich heranläßt, muß er so an einem Objekt fixiert werden, daß 1. der Kopf und 2. der Körper in einer stabilen Position gehalten werden können.

Hierfür führt man den Hund an der Leine an ein feststehendes, langes vertikales Objekt (Baum, Laternenpfahl, Schild etc.), so daß das Halsband des Hundes eng an der „Stange" anliegt, und wickelt dann die Leine 2–3 × eng um die „Stange" (siehe Abb.). Man hält die Leine weiter fest, und ein zweiter Helfer – soweit vorhanden – hält den Hund am Schwanz oder besser an den Hinterbeinen, so daß auch das „Heck" feststeht. Nun kann man an den Hund heran.

Das Maul zubinden:

Die Schnauze eines Hundes zuzubinden, verhindert das Beißen des Hundes zuverlässig. Sie sollten es nur unter folgenden Bedingungen anwenden:
– wenn der Hund mit hoher Wahrscheinlichkeit beißen wird,
– wenn kein Maulkorb (in der richtigen Größe) vorhanden ist,
– wenn keine Atemnot vorliegt,
– wenn kein Erbrechen vorliegt,
     wenn keine Bewußtlosigkeit vorliegt.

> ▶ **Info**
>
> Ein verletzter Hund muß zunächst immer erst einmal angeleint werden!

TIP

Insbesondere ist darauf zu achten, daß das Maul nicht zugebunden bleibt, wenn der Hund bewußtlos wird und/oder erbricht (Hunde erbrechen oft, wenn sie ins Koma fallen), denn dann kann das Erbrochene nicht hinaus, und der Hund erstickt daran!

Man geht wie folgt vor (siehe auch Abb.): Sie nehmen ein stabiles, nicht einschneidendes Material, wie z.B. eine doppelte Mullbinde, einen Strick oder die Hundeleine, und machen zunächst eine ganz normale Schlinge. Diese Schlinge führen Sie von vorne über das Maul bis zum Stop. Jetzt ziehen Sie die Schlinge nicht ruckartig (Sie könnten so das Nasenbein brechen), aber zügig zu, und zwar so fest, daß die Mundspalte keinen Spalt weit mehr geöffnet werden kann. Ist zuviel Spielraum im System, wird sich der Hund die Schlinge mit den Pfoten abstreifen.

Nun führen Sie die Enden der Schlinge unter das Maul und überkreuzen sie. Schließlich führen Sie die Enden unterhalb des Ohrgrundes in den Nacken und machen dort eine ganz normale Schleife. Bei einem sehr unruhigen Hund muß alles recht rasch ausgeführt werden, deshalb sollten Sie das „Maul zubinden" spielerisch an Ihrem Hund üben.

Um das Maul zuzubinden, wird zuerst eine Schlinge gebildet ...

... und um die Schnauze des Hundes gelegt und zugezogen.

Der Knoten wird nach unten und die Enden nach hinten geführt.

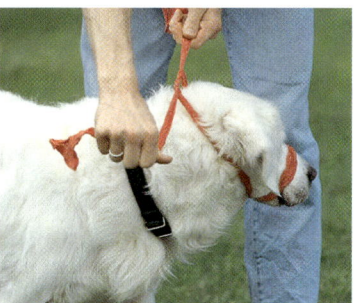

Im Nacken werden die Enden der Binde sicher verknotet.

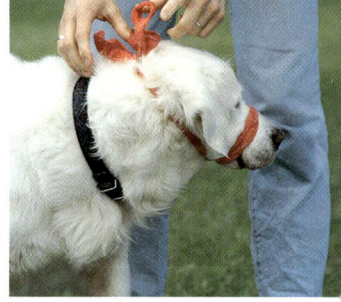

So kann der Hund bei der Behandlung nicht mehr zuschnappen.

Den Hund niederlegen:

Man hat für viele Anwendungen am Hund (Verbände, Abhören, Fiebermessen, Wundreinigung u.v.m.) diesen am besten „im Griff", indem man ihn im Liegen fixiert.

Hierfür muß man ihn natürlich zunächst einmal niederlegen. Dieses Niederlegen schafft man am einfachsten durch einen kleinen „Hunde-Judo"-Trick. Sie gehen folgendermaßen vor (siehe Abb.):

– Sie fassen, an einer Körperseite des Hundes stehend oder knie-end, mit beiden Armen über den Rücken des Hundes und dann unter dem Bauch hindurch (zwischen den Vorder- und Hinterbeinen).

– Nun nehmen Sie die an Ihrem Körper stehenden Beine fest in Ihre Hände und ziehen diese durch das andere Beinpaar hin-durch.

– Gleichzeitig lassen Sie den Körper des Hundes vorsichtig an Ihrem hinabgleiten.

– Vor allem müssen Sie aufpassen, daß der Kopf 1. nicht auf die Unterlage fällt (am besten weiche Unterlage) und 2. nicht unter den Körper zu liegen kommt. Wenn eine zweite Person zugegen ist, so sollte diese nur den Kopf halten.

Als Variante für zwei Personen kann auch die eine Person nur den Kopf und Körper auffangen, während die zweite Person von der anderen Seite die gegenüberliegenden Beine des Hundes zu sich hin durchzieht.

Liegend fixieren:

Es ist wichtig, daß dieses Niederlegen nun fließend ins „Liegend fixieren" über-geht, denn wenn die Beine

Mit dem „Hunde-Judo"-Trick lassen sich auch große Hunde schnell hinlegen.

Nachdem man mit beiden Armen über den Rumpf zu dem hinteren Beinpaar gegriffen hat,

zieht man dieses behutsam durch und läßt den Hund sanft auf den Boden abgleiten.

Wichtig ist, daß man den Hund durch den Druck der Unterarme am Boden festhält.

einmal losgelassen werden, steht der Hund meist sofort wieder auf.

Das heißt, nun werden die gleichen Beine weiter festgehalten und dabei etwas von der Unterlage abgehoben (s. Abb.). Gleichzeitig fixieren Sie Körper und Hals-/Schulterpartie des Hundes mit Ihren Unterarmen und dem Gewicht aus Ihrem Oberkörper.

Kopf richtig festhalten:

Oft ist es, besonders bei Manipulationen an Auge oder Ohr, wichtig, daß der Hund den Kopf ruhig hält. Sie können hierbei helfen, indem Sie den Kopf Ihres Hundes richtig festhalten.

Dazu nehmen Sie „eine Handvoll" Haut und Unterhaut (je nach Rasse kann man verschieden viel fassen) des Hundes im Bereich Lefzenwinkel bis Ohrgrund fest in beide Fäuste (siehe Abb.) und halten den Kopf zusätzlich zwischen Ihren Unterarmen in einer stabilen Position. Dies tut dem Hund nicht weh!

Bei intravenösem Zugang helfen:

In fast jedem Notfall ist es für den Patienten (egal ob Hund, Katze oder Mensch) lebenswichtig, daß ein venöser Zugang gelegt wird, d.h., man bringt einen weichen Kunststoffdauerkatheter in eine Vene des Hundes, meist in die Vene des Unterarmes (*vena cephalica*).

So können zum einen Infusionen angeschlossen werden und zum anderen viele Arzneimittel schnellstmöglich wirken, da sie direkt ins Blut gegeben werden.

Diesen intravenösen Zugang kann der Tierarzt in den seltensten Fällen alleine schaffen, d.h., falls gerade kein Hilfspersonal zur Verfügung steht, braucht er mit Sicherheit Ihre Hilfe. Für lange Erklärungen ist dann keine Zeit, daher die Erklärung an dieser Stelle (s. auch Abb.): Der Hund wird in Brustlage gebracht, und Sie nehmen sich den Kopf des Hundes „zur Brust", das bedeutet, Sie umgreifen Hals und Kopf des Hundes mit Ihrem Arm, greifen fest unter den Unterkiefer und ziehen den Kopf liebevoll zu sich heran. Mit der anderen Hand umfassen Sie mit Daumen und Zeigefinger zangenartig ein Vorderbein oberhalb des Ellenbogens, so daß die Blutgefäße ab dieser Stelle gestaut werden, und lagern das gesamte Bein ein wenig vor. So kann der Tierarzt die gestaute Vene auf dem Rücken des unteren Vorderbeins gut finden und schnell den Zugang schaffen.

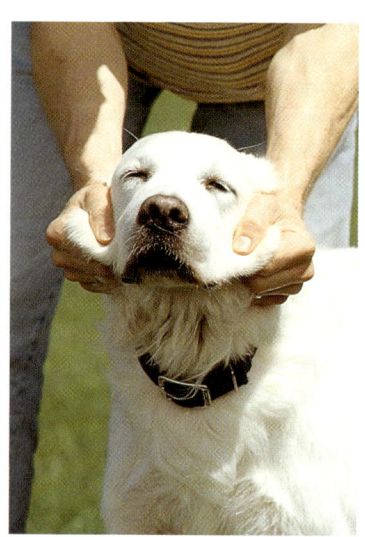

Der Griff an die Lefzen ermöglicht es, den Kopf zu fixieren.

► **Wunden und Verbände**

Für jede äußerliche Wunde (Ausnahmen: Auge, offene Körper-
höhlen, siehe entsprechende Kapitel) gilt zunächst allgemein
folgende Reihenfolge der Behandlung:
1. Blutung stillen (für stark blutende Wunden siehe unter Blutungen stillen Seite 29).
   Starke Blutungen erkennt man daran, daß auch nach der
   Behandlung mit kaltem Wasser viel Blut (nicht nur sickernd)
   pulsartig die Wunde verläßt.
2. Reinigung
3. Desinfektion
4. Verband
5. chirurgische oder konservative Weiterbehandlung
   (entscheidet der Tierarzt)

Die Blutstillung (nicht allzu stark blutender Wunden), Reinigung sowie erste Desinfektion kann recht einfach durch einen
einzigen Vorgang erreicht werden, nämlich durch sofortiges,
möglichst langes Halten der Wunde in oder unter möglichst kaltes, sauberes Wasser! Am besten eignet sich hierfür kaltes Leitungswasser, da dieses nahezu keimfrei ist (sein sollte), aber
auch ein klarer Bach tut Gutes. Das kalte Wasser läßt kleinere
Blutgefäße sich zusammenziehen, so daß die Blutung geringer
wird, und gleichzeitig werden Keime, mit denen eine Wunde
immer infiziert ist (einzige Ausnahme ist die Operation) aus
dem Gewebe gespült.
     Die nachfolgende Desinfektion soll die restlichen Keime ab-
töten, so daß die Wunde später nicht eitert und so schneller heilen kann. Dies kann sowohl durch die Behandlung mit Wund-
desinfektionsmitteln (jodhaltig oder Wasserstoffperoxid 3 – 6 %,
siehe auch Notfallapotheke) als auch direkt durch antiseptische
Wundpuder erreicht werden.

Spezielle Verbände:
– der Robert-Jones-Verband
– der geschiente Verband
– der Pfotenverband
– der Druck-Verband (siehe Blutungen stillen, Check-up /
   Polytrauma)
Der Robert-Jones-Verband hat einerseits die Eigenschaft, ein
Bein stabil zu „schienen", und andererseits, durch die durch ihn
erzielte Wärme, eine sehr gute Durchblutung der Gliedmaße zu

So können Sie am liegenden Hund
beim intravenösen Zugang helfen:
Kopf zum Helfer drücken und mit dem
anderen Arm den Hund am Aufstehen
hindern und mit der Hand ein Vorderbein zum Stauen festhalten.

Hier wird eine Mullbinde als Kom-
presse im Druckverband verwendet.

bewirken. Dies verbessert die Heilung und eignet sich sowohl für Brüche, Sehnenverletzungen (z.B. Schnittverletzung) als auch für größere, infizierte Wunden.

▶	Notfallapotheke
1	sterile Gaze-Tupfer
2	mehrere elastische Mullbinden
3	(selbstklebende) Verbandsrollen
4	Klebe-Pflasterrolle
5	Paket Watte
6	Verbandsschere (mit einem stumpfen Ende)
7	antiseptischer Puder
8	Wunddesinfektionsmittel
9	Heparin-Salbe
10	Brand- / Antihistaminikum-Salbe
11	Fieberthermometer (handelsüblich)
12	Stethoskop
13	Taschenlampe
14	physiologische Kochsalzlösung (1 Liter, in Apotheken oder beim Tierarzt erhältlich)
15	evtl. Maulkorb in der passenden Größe
16	Einmalhandschuhe
17	Ersatzleine

Man geht folgendermaßen vor:
– Die Wunde – falls vorhanden – wird versorgt (s.o.).
– Auf Innen- und Außenseite des Beines werden Pflasterstreifen über die gesamte Länge geklebt, die doppelt so lang wie das Bein sind.
– Am „Fußende" werden sie zunächst zusammengeklebt.
– Das Bein wird in 3 bis 4 Lagen mit Watte (Watterolle oder Zellstoffrolle) dick und gleichmäßig umwickelt, so daß die Zehenenden frei bleiben.
– Danach folgt die Stabilisierung der Wattelagen mit einer oder mehreren elastischen Mullbinde(n) unter gleichmäßigem, mäßigem Zug.
– Die Pflasterstreifen werden jetzt auseinander gezogen und beidseitig um die Längsachse umgedreht und am Bein „hochgeklebt".
– Es folgt noch eine Lage elastischer Mull.
– Das Ganze wird mit Pflaster befestigt.

Folgende Regeln müssen beim Schienen unbedingt beachtet werden. Nur wenn folgende Punkte bejaht werden können, soll geschient werden!
1. Es liegt ein Knochenbruch unterhalb des Ellenbogens – bzw. Kniegelenks – vor.
Einen Knochenbruch erkennt man an folgenden Anzeichen:
– Ein Körperteil / Bein / Knochen befindet sich in einer ungewöhnlichen Stellung (Verwechslung mit Luxation möglich).
– Die Bruchstelle (falls nicht sowieso offen) schwillt schnell stark an.
– Es besteht höchstgradige Lahmheit, falls Gliedmaßen betroffen sind (d.h., es wird

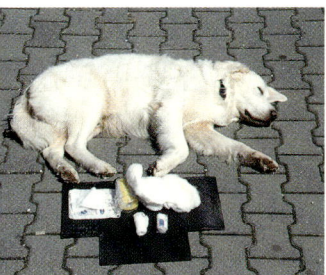

terial für einen geschienten Verband:
iene, Watte o.ä., Schere, Bandage.

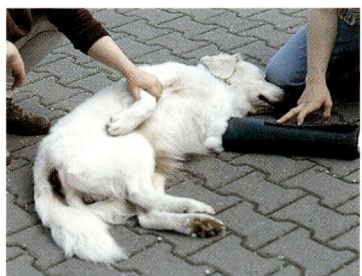

Eine improvisierte Schiene bedient sich unüblicher Dinge (hier: Fußmatte aus dem Auto).

Jeder Verband muß zur Vermeidung von Druckstellen gut gepolstert und fixiert sein.

mit dem betroffenen Fuß / Bein nicht mehr aufgetreten).
– Man kann an der Bruchstelle eine sogenannte Krepitation auslösen, d.h., die Bruchstellen schaben aufeinander, es entsteht ein Geräusch wie Schneeknirschen (Vorsicht: Schmerz!).

2. Für einen Robert-Jones-Verband ist nicht genügend Material vorhanden.

3. Beim Transport wird voraussichtlich viel Bewegung und damit Schmerz die Bruchstelle belasten.

Sie gehen beim Schienen eines Bruches wie folgt vor:
– Zuerst wird der gebrochene Knochen sehr vorsichtig in seine normale Stellung gebracht (nur falls dies nicht mit zuviel Schmerz verbunden ist),
– danach wird eine normale Mullbinde um das Bein gewickelt,
– jetzt kommt (falls vorhanden) eine Schicht Watte um das Bein,
– danach folgt erst die Schiene, die die beiden benachbarten Gelenke mitschienen muß!
– Nun kommt eventuell noch eine Lage Watte um die Schiene und das Bein,
– schließlich eine (elastische) Binde um die bisherigen Schichten bringen,
– das Ganze wird mit Pflaster befestigt.

DIE SCHIENE ▸ Für eine Schiene eignet sich grundsätzlich jedes stabile, längliche Material, welches in Länge und Stärke der Beingröße des jeweiligen Hundes angepaßt ist. Es muß so stark sein, daß es nicht zerbricht, und so lang, daß beide be-

▸ **TIP**

Beim Robert-Jones-Verband sind die Zehen und Krallen der Pfote zu sehen; ist der Verband zu eng, so werden sie auseinandergedrückt, und der Verband muß gewechselt werden!

▸ **Info**

Damit ein Verband gut am Bein hält, legen Sie einen nach außen klebenden, gerollten Pflasterstreifen zwischen Fell und Watte (jedoch nicht direkt auf die Wunde!).

nachbarten Gelenke mitgeschient werden können. So ist denn hier Improvisation gefragt. Gut eignen sich als Schienenersatz Holzscheite, Stöcke, Lineale, eine Illustrierte, Fußmatte oder ein Papprohr aus dem Inneren der Küchenrolle!

Bei Brüchen oberhalb des Ellenbogen- bzw. Kniegelenks und in anderen Körperregionen kann aufgrund von Muskulatur oder

TIP

Bei offenen Brüchen (Bruchstelle blutet) wird zunächst die Wunde behutsam versorgt.

Checkliste Verband

☐ Die Haare um den Wundrand werden mit Schere oder Schermaschine entfernt (gekürzt).

☐ Die Wunde wird nach der Reinigung vollständig (falls vorhanden) mit Puder bedeckt.

☐ Anschließend wird die Wunde vollständig mit sterilen Gaze-Tupfern bedeckt. Falls nicht vorhanden, verwendet man ein sauberes Taschentuch oder sauberen Stoff.

☐ Jetzt wird der Bereich der Wunde gut mit Watte gepolstert, danach der gesamte Bereich, über den der Verband angelegt werden soll (falls vorhanden).

☐ Nach der Watte kommen die Mullbinden dran. Sie werden (falls elastisch) unter mäßigem Zug so um die betreffende Körperpartie (Bein / Rumpf / Hals / Schwanz / diagonal über Kopf) gewickelt, daß der Verband auf der Wunde hält.

☐ Schließlich wird das Ganze mit Pflaster-Klebestreifen gut befestigt (bei Beinverbänden, bis kein Mull mehr zu sehen ist).

☐ Der Verband muß immer gut gepolstert sein (Watte!).

☐ Der Verband darf nicht zu eng sein (lieber zu locker).

☐ Der Verband darf nicht durchnäßt werden.

☐ Ein Verband muß (mindestens) alle 2 Tage gewechselt werden.

anderer anatomischer Beweggründe nicht geschient werden, und Sie würden mehr Schaden als Nutzen anrichten!

Beim Pfotenverband ist das Wichtigste mit den folgenden zwei Punkten gesagt:

1. Zwischen jedes Zehenpaar (auch Daumen ↔ Pfote) und um die gesamte Pfote muß Watte gelegt werden, da es sonst durch Schweiß und Reibung zu schlimmen Ekzemen kommen kann!
2. Der Pfotenverband darf nicht zu eng sein, damit sich kein Blut staut!
    Besser zu locker, er wird dann abgeschüttelt und muß neu angelegt werden.

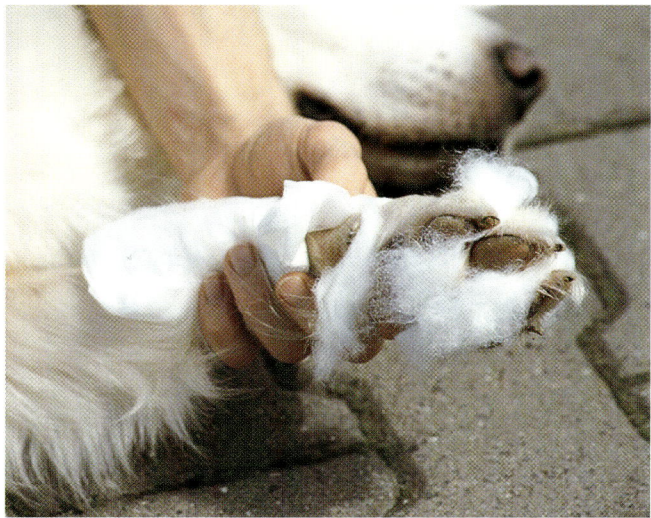

Beim Pfotenverband muß darauf geachtet werden, daß zwischen jedem Zehenpaar ein Stück Watte gelegt wird, um Wundreiben zu vermeiden.

Ansonsten wird der Pfotenverband wie der normale Verband angelegt. Falls Sie verhindern wollen, daß der Verband durch Beknabbern entfernt wird bzw. draußen dreckig oder feucht wird, können Sie ihn mit einem mit Pflaster befestigten Socken oder einer Plastiktüte schützen.

▶ Blutungen stillen

Um der Gefahr der Verblutung vorzubeugen, ist eine der wichtigsten Sofortmaßnahmen beim verletzten Hund, daß Blutungen, die äußerlich sichtbar sind, zum Stillstand gebracht werden.

TIP

Bei jedem Beinverband, in den die Pfote mit einbezogen wird, muß zwischen den Zehen gepolstert werden! In jeden Beinverband, der länger bleiben soll, sollte die Pfote mit einbezogen werden!

Maßnahmen

1. Der Druckverband: Sinn dieses Verbandes ist es, Druck auf die verletzten Blutgefäße, d.h. auf die Wunde, auszuüben, so daß diese „zugequetscht" werden.

Sie bringen einen normalen Verband an (siehe Wunden und Verbände) und bringen in diesen einen Gegenstand, der Druck auf die Wunde erzeugt. Dieser Gegenstand soll in der Größe der Wunde entsprechen, Sie können hier improvisieren (Kerze, Holzstück); oft eignen sich gerollte Mullbinden hervorragend als Druckmittel.

– Sterile Gaze-Tupfer auf gereinigte Wunde legen,
– Umwickeln mit normaler Mullbinde,
– eventuell Polsterung mit Watte,
– „Druck-Gegenstand",
– elastische Mullbinde.

Ein Druckverband läßt sich gut an den Beinen, aber auch am Rumpf (man muß den Verband nur um den ganzen Rumpf wickeln) und an vielen anderen Körperstellen anlegen, aber leider nicht überall.

Allzu leicht kann sich ein Hund beim Stöbern eine blutende Verletzung zuziehen.

Merke: Nur wenn kein Druckverband möglich ist und sehr starke Blutungen vorliegen, sollen Beine oder Schwanz abgebunden werden!

2. Das Abbinden: Ziel ist es, durch das Abbinden die Blutgefäße, die den Wundbereich mit Blut versorgen, „abzuschnüren". Folgende Regeln sind unbedingt zu beachten:

– So nah wie möglich am Wundbereich abbinden (je näher, desto weniger Gewebe wird unzureichend mit Blut versorgt).
– Falls es nicht möglich ist, nah an der Wunde abzubinden, so daß die Blutung steht, wird an der Vordergliedmaße oberhalb des Ellenbogens und an der Hintergliedmaße oberhalb des Knies abgebunden.
– Kein einschneidendes Material verwenden! Am besten eignet sich Mull oder ein dünner Gummischlauch (Esmarsche Binde) oder ein Gürtel.
– Der Stau darf, wenn einmal abgebunden war, nicht mehr gelöst werden bzw. erst beim Tierarzt.
– Möglichst nicht länger als 30 Min. abgebunden lassen (d.h., bis dahin sollte der Tierarzt erreicht sein).

TECHNIK ▶ Eine Schlinge wird um die betroffene Gliedmaße oder den Schwanz gelegt und so fest zugezogen, bis die Blutung zum Stillstand kommt.

Man kann auch einen stabilen länglichen Gegenstand (wie Kugelschreiber, Löffel) in die Schlinge einknoten und mit diesem die Schlinge wie einen Wasserhahn zudrehen. Damit sich dies nicht wieder aufdreht, wird der Gegenstand dann durch eine zweite Schlinge fixiert.

Falls weder ein Druckverband noch ein Abbinden möglich ist, muß mit der Hand und sterilen Gaze-Tupfern (notfalls auch Taschentuch oder sauberes Kleidungsstück) so viel Druck auf die Blutung ausgeübt werden, daß die Blutung steht.

Sichtbare innere Blutungen: Diese zeigen sich, wenn sie nicht in eine Körperhöhle bluten, oftmals durch schnelle starke Schwellungen (Bluterguß). Diese Blutungen können durch Kälte (Cold-Pack) zum Stillstand gebracht werden. Als Cold-Packs eignen sich in Handtücher gewickelte Eiswürfel oder eisgekühlte Weingummitüten oder zur Not irgend etwas anderes aus dem Eisfach; selbstverständlich auch professionelle Gel-Packungen, die in der Apotheke erhältlich sind.

▶ **Info**

Leichte Sickerblutungen: Hier hilft meist schon langes Halten unter oder in kaltes Wasser und anschließendes Anlegen eines Verbandes.

Stark blutende Wunden: Diese erkennt man daran, daß sehr viel Blut die Wunde verläßt und sich dies auch durch kaltes Wasser und manuellen Druck mit sterilen Gaze-Tupfern nicht verhindern läßt. Besonders arterielle (vom Herzen kommende) Blutungen bluten oft sehr stark (weil hoher Blutdruck). Man erkennt sie am pulsartigen Austreten des Blutes aus der Wunde.

► **Nach der Narkose**

Manche Anzeichen, die ein Hund zeigt, welcher „frisch operiert" und vielleicht etwas früh wieder zu Hause ist, können Sie als Besitzer sehr beunruhigen. Dies gilt insbesondere dann, wenn es sich bei dem Tier um einen Risiko-Narkose-Patienten gehandelt hat, d.h. ein Tier, das alt oder krank war und deshalb empfindlich reagierte. Jede verantwortungsbewußte tierärztliche Klinik bzw. Tierarztpraxis wird Ihnen in einem solchen Fall ohnehin anraten, das Tier zur Beobachtung noch eine Zeit

► **Folgende Anzeichen sind unter Umständen Nachwirkungen einer Operation bzw. eines Narkotikums und dem Tierarzt mitzuteilen:**

1   Schläfrigkeit und Benommenheit noch zwei Tage nach der Narkose

2   Appetitlosigkeit oder fehlender Stuhlgang nach mehr als zwei Tagen

3   lange und starke Schmerzen (sich zurückziehen, nicht berühren lassen, aufschreien etc.)

4   stark geschwollener, geröteter und / oder heißer Wundbereich

5   Eiter aus der Wunde

6   gelöste Fäden vor dem 10. Tag nach der Operation

7   Atmungsstörungen / Erstickungsanfälle (s. S. 81, Lungenödem)

8   verminderter oder nicht vorhandener Urin-Absatz

9   Durchfall und Erbrechen, Krämpfe

10   Fieber (normale Temperatur: 38–39° C)

11   Untertemperatur

unter tierärztlicher Aufsicht zu belassen. Sie sollten in diesem Fall zustimmen. Auf jeden Fall muß der Hund bereits wach sein, wenn Sie ihn mit nach Hause nehmen!

Folgende Anzeichen sind Nachwirkungen einer Operation bzw. eines Narkotikums und als harmlos einzustufen:

1. langes „Nachschlafen", aber jederzeit aufzuwecken (nicht ständig wecken!),
2. leichtes Zittern und Taumeln (wie betrunken) für einige Stunden,
3. Appetitlosigkeit für ein bis zwei Tage,
4. fehlender Stuhlgang für ein bis zwei Tage,
5. leichte Benommenheit bis einen Tag nach der Narkose,
6. Schmerzen im Wundbereich für ein bis zwei Tage.

Wenn Sie die folgenden Punkte beachten, können Sie Störfälle nach der Narkose vermeiden:

- Der Hund soll lange in einem ruhigen, abgedunkelten Raum ausschlafen können.
- Er soll weich gelagert werden und mit einer Rotlichtlampe, Decke oder durch die Nähe zu einer Heizung warm gehalten werden (Temperatur messen).
- Er darf nicht erhöht (Bett / Sofa) liegen, da er hinunterfallen kann.
- Er darf am Narkose-Tag nicht mehr gefüttert werden.
- Er soll nicht an der Wunde lecken oder kratzen (Halskragen, T-Shirt oder Socke)!
- Verbände dürfen nicht naß werden.
- Verordnungen des Tierarztes, die Nachuntersuchungen, Bewegungseinschränkungen oder Arzneimittel-Eingabe betreffen, sollten unbedingt eingehalten werden!

Allgemeine Notfallsituationen

Allgemeine Notfallsituationen

► **Anzeichen für ein Polytrauma**

„Poly" kommt aus dem Griechischen und bedeutet „viel" oder „vielfach", „Trauma" besagt in der Allgemeinmedizin ganz einfach „Gewebszerstörung" oder „Gewebsverletzung", so wie man im Alltag etwa unter einem Seelen-Trauma eine „gewaltsame" Verletzung der Seele versteht. Das Trauma des Gewebes (Haut-, Muskel-, Knochen-, Organ-, Bindegewebe etc.) kann spitz (Nagel), stumpf (Schlag) oder scharf (Messer) sein, und der Begriff umfaßt alles, vom harmlosen Tritt in eine Reißzwecke bis hin zum schweren Hirntrauma. Beim Polytrauma liegen meist sowohl stumpfe als auch spitze Traumata an vielen verschiedenen Stellen (Geweben / Organen) des Körpers vor und treten typischerweise bei vielen Arten von schweren Unfällen auf. Dies ist zum Beispiel bei einem Fenstersturz, Pferdetritt, schweren Hundekampf oder einer Schußwunde der Fall. Der häufigste Polytraumapatient ist das Verkehrsopfer.

Das Schaubild soll verdeutlichen, wie sich Folgen von Verletzungen im weiteren Verlauf gegenseitig beeinflussen können:

Schaubild Polytrauma

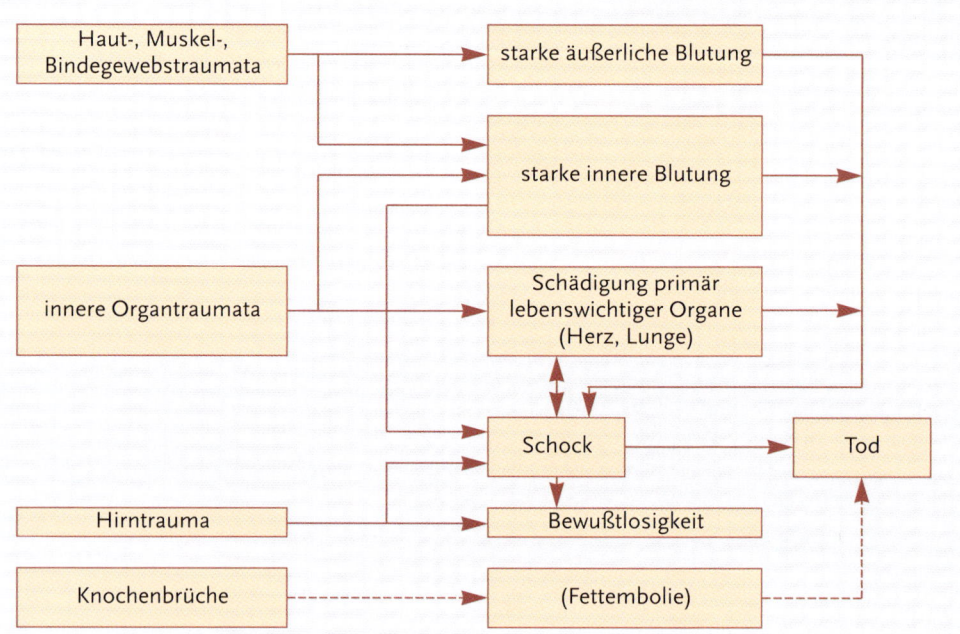

Der pferdeunerfahrene Hund kann vom hundeunerfahrenen Pferd durch Tritte schwer verletzt werden.

> **Anzeichen**

Anzeichen für ein Polytrauma (eines davon genügt bereits):
– starke äußerliche Blutungen / Verletzungen an mehreren Körperstellen
– Knochenbrüche
– Bewußtlosigkeit
– Schockanzeichen (siehe S. 53)
– Hund liegt auf der Straße / am Straßenrand

Knochenbrüche liegen zwar sehr häufig bei Polytraumapatienten vor, sind aber entgegen häufiger Meinung meist nicht lebensgefährlich und können bzw. müssen oft erst einige Tage später behandelt werden und heilen dennoch problemlos ab.

Gefährlich können sie höchstens dann sein, wenn spitze Knochenenden wiederum weitere Schäden verursachen, insbesondere gebrochene Rippen, die in Lunge oder Herz stechen.

Beim Menschen vorkommende Fettembolien (Verschluß von Blutgefäßen von Herz und / oder Lunge durch aus dicken Röhrenknochen, wie dem Oberschenkel, ausgetretenes Fett) kommen bei Hunden nur sehr, sehr selten vor.

Allerdings sind Knochenbrüche immer ein Anzeichen dafür, daß eine starke physikalische Kraft auf den Körper eingewirkt hat, so daß auch andere Organe geschädigt worden sein können!

▶ ### Hirntrauma und Rückenmarkverletzung

Verdacht: Traumata des Hirns oder des Rückenmarks ereignen sich durch Gewalteinwirkungen auf den Schädel, vor allem bei Verkehrsunfällen, Stürzen oder Schlägen und Tritten (Pferd) gegen den Kopf oder auf die Wirbelsäule. Besonders kleinere Hunderassen sind gefährdet. Das Gehirn kann durch die Erschütterung, eine Quetschung oder Prellung des Schädels oder durch die anschließende Blutung oder Flüssigkeitsansammlung geschädigt werden, da der entstehende Druck durch die feste Schädelhöhle nicht nach außen entweichen kann. Diese ergibt sich manchmal erst 1 bis 2 Tage nach dem Unfall! Daher ist bei Verdacht auch ohne Anzeichen eine vorbeugende Behandlung durch den Tierarzt wichtig! Auch das Rückenmark kann durch Druck aus der „Nachbarschaft", wie durch einen Bluterguß, aber auch durch Bruch der Wirbelsäule, geschädigt werden.

Gehirn und Rückenmark werden als ZNS (= Zentrales Nervensystem) zusammengefaßt. Das ZNS entläßt sensorische und motorische Nerven in alle Körperregionen und Muskeln. Der

▶ Anzeichen

Hirntrauma:

- Verletzungen im Bereich des Schädels,
- Bewußtlosigkeit,
- Lähmungen,
- Ausfall oder Verzögerung des Pupillarreflexes. Man prüft den Pupillarreflex, indem man mit einer Taschenlampe in ein Auge leuchtet. Die Pupille muß sich sofort (und gleichzeitig auch die des anderen Auges) verkleinern.

Rückenmarktrauma:

- Lähmungen aller vier Gliedmaßen (bei Trauma im Halsbereich) oder der Hintergliedmaßen,
- keine Zwischenzehen-Schmerzreflexe (Kneifen in die Haut zwischen zwei Zehen führt nicht zum Umsehen, Winseln oder Knurren).

Ausfall der sensorischen Nerven bewirkt Gefühllosigkeit in den betreffenden Körperregionen, der Ausfall der motorischen Nerven verursacht schlaffe oder auch krampfartige Lähmungen.

Maßnahmen

– Die Umwelt des Hundes muß absolut streßfrei und möglichst ruhig gehalten werden, er darf nicht zum Aufstehen motiviert werden.

Wenn ein Transport nötig ist, dann auf einer stabilen Unterlage.
– Überwachen Sie Herzschlag und Atmung.
– Bewegen Sie den Hund nur sehr vorsichtig, am besten gar nicht.
– Schwellungen im Bereich der Wirbelsäule mit Cold-Packs kühlen.
– Wirbelsäule nicht beugen / biegen.
– Bei Bewußtlosigkeit: ABC der Reanimation.

> ### Verwechslung
>
> Ein Koma ist auch bei Schock möglich. Lähmungen bei vielen Krankheiten des ZNS, wie bei Dackellähme (Bandscheibenvorfall); Vergiftungen! Auch periphere Nerven (Nerven außerhalb des ZNS) können geschädigt sein.

Bei Ausritten sollte man immer ein kleines Erste-Hilfe-Set in einer Gürteltasche dabeihaben.

▶ ## Knochenbrüche, Luxationen und Gelenkverletzungen

KNOCHENBRÜCHE ▶ Knochenbrüche entstehen durch Gewalteinwirkungen auf einen Knochen. Jeder Knochen im Körper kann gebrochen werden, vor allem aber sind beim Hund durch Unfälle die Knochen der Beine und Pfoten, die Beckenknochen, die Kieferknochen und die Rippen betroffen. Knochenbrüche können quer oder längs, vollständig, unvollständig oder getrümmert, offen oder gedeckt (d.h. verschlossen) vorkommen. Als Komplikationen können spitze Knochenenden das umliegende Gewebe oder Organe verletzen (beispielsweise Lunge oder Herz durch spitze Rippenenden), oder starke Blutungen können zum Schock führen.

Anzeichen

☐ Abnorme Beweglichkeit / Stellung eines Körperteils,

☐ große Schmerzen an der Bruchstelle,

☐ bei Brüchen der Gliedmaßen höchstgradige Lahmheit (Pfote wird nicht mehr aufgesetzt),

☐ starke, schnelle Schwellung der Bruch-Umgebung,

☐ bei Beckenbrüchen Lahmheit beider Hintergliedmaßen,

☐ Krepitationsgeräusche.
Diese hört man, wenn Knochenenden aufeinanderschaben. Es hört sich an, als ob man durch frischen Schnee geht. Auslösen kann man diese Geräusche nur bei vollständigen Brüchen. Natürlich ist es mit oft unzumutbaren Schmerzen für den Hund verbunden (Streß!), so daß man es beim nicht narkotisierten Tier möglichst unterlassen sollte, besonders dann, wenn ein Bruch ohnehin offensichtlich ist.

Maßnahmen

– Bruchstelle möglichst wenig bewegen (am besten gar nicht), denn die Bewegung würde Schmerzen und dadurch Streß verursachen.
– Vorsicht, Hund könnte beißen!
– Bei offenen Brüchen: Wundversorgung.
– Bei Gliedmaßenbrüchen: Robert-Jones-Verband oder Schienung.
– Bei Kieferbruch: Kühlung (Cold-Pack).
– Vorsicht beim Transport zum Tierarzt!
– Bei Rippenbruch nicht auf die verletzte Seite legen.

LUXATIONEN ▶ Luxationen sind ausgerenkte (ausgekugelte) Gelenke, d.h., bei Kugelgelenken sitzt der Gelenkkopf nicht mehr in seiner Gelenkpfanne. Hierfür sind Kombinationen aus Dreh- und Hebelwirkungen verantwortlich, wie sie bei Verkehrsunfällen, Sprüngen und Stürzen aus großer Höhe sowie beim Hängenbleiben mit einem Bein und anschließender Zerr- und Drehbewegung vorkommen können. Luxationen können aber oft auch angeboren sein. Wie Brüche sind Luxationen gekennzeichnet durch starke Schmerzen,

Schwellung und abnorme Beweglichkeit des betreffenden Gelenks.

Es gilt immer: Je eher der Tierarzt das Gelenk reponieren, d.h. „einkugeln", kann, desto besser ist die Vorhersage für die einwandfreie Funktion des Gelenkes.

GELENKVERLETZUNGEN ▶ Geschlossene Gelenkverletzungen kommen vor allem durch und mit Luxationen vor. Die Gelenkkapsel und die Haltebänder werden hierbei geschädigt. Gelenkverletzungen, die von außen zustande gekommen sind, beispielsweise durch Bißwunden oder Unfälle, sind immer infiziert. Keime wiederum finden im Gelenk einen optimalen Lebensraum vor. Daraus entsteht als Folge die eitrige Gelenkentzündung, aus der irreparable Schäden im Gelenk resultieren. Man erkennt eine Gelenkentzündung an Schwellung, vermehrter Wärme und Schmerz und infolgedessen Lahmheit bei Gelenken und Gliedmaßen. Kommt es bei einer eitrigen Gelenkentzündung zu einer Fistel, entleert sich Eiter nach außen.

Gelenkverletzungen sollten Sie auf keinen Fall nur selbst behandeln, sondern lediglich gut reinigen (mit Leitungswasser) und verbinden. Der Tierarzt übernimmt die Desinfektion und wird außerdem durch Eingabe von Antibiotika den Prozeß zusätzlich von innen bekämpfen.

> ### ▶ Verwechslung
>
> Lahmheiten, wie sie bei Brüchen und Luxationen vorkommen, können beispielsweise auch durch Lähmungen oder Entzündungen von Knochen oder Gelenken entstehen. Brüche und Luxationslahmheiten entstehen aber plötzlich und sind höchstgradig und verbunden mit starken Schwellungen.

Anzeichen

- [ ] blutendes und / oder klaffendes Lid

- [ ] stark geschwollenes Augenlid

Verwechslung

Insektenstiche ins Augenlid lassen dieses möglicherweise stark anschwellen, die Therapie ist aber die gleiche: Kühlung.

Anzeichen

- [ ] Möglicherweise ist ein in der Hornhaut steckender Fremdkörper sichtbar,

- [ ] Schwellungen auf der Hornhaut,

- [ ] weißlicher Pfropfen in der Hornhaut,

- [ ] abgeflachtes Auge in der Augenhöhle,

- [ ] Zukneifen der Lider und vermehrter Tränenfluß und Lichtscheue.

▶ Augen- und Ohrenverletzungen

AUGENLIDVERLETZUNGEN ▶ Von außen zugefügte Verletzungen des Auges kann man zunächst unterteilen in Verletzungen des Augenlides und Verletzungen der Hornhaut. Das ist die durchsichtige, äußerste Schicht des Auges, wenn man hineinblickt.

Verletzungen des Augenlides entstehen oft durch Katzenhiebe, Bisse, Drähte, andere scharfe Traumata (Schnitt, Stich) oder stumpfe Gewalteinwirkung (Schlag) und sind entweder offen (bluten) oder gedeckt. Da das Augenlid sehr stark durchblutet ist, schwillt es leicht stark an. Meist kann das Auge dann nicht mehr geschlossen werden, und es kann austrocknen. Lidverletzungen müssen schnell vom Tierarzt genäht werden.

Maßnahmen

- Mit kaltem, klarem Wasser ausspülen, besser ist physiologische Kochsalzlösung (s. S. 26 Notfallapotheke),
- mit sterilen Gaze-Tupfern abdecken,
- sauberes Cold-Pack (s. Blutung stillen) aufs Auge legen, um die Schwellung zu mildern,
- Auge mittels Kochsalzlösung am Austrocknen hindern (ständig draufträufeln).

HORNHAUTVERLETZUNGEN ▶ Auch diese entstehen oft durch Katzenhiebe, Bißwunden, Stacheldraht, Holzsplitter etc.. Bei jeder Verletzung der Augenlider oder der näheren Umgebung ist auch eine Hornhautverletzung möglich. Man kann sie mit bloßem Auge jedoch oft nicht erkennen, der Tierarzt muß die Hornhaut dahingehend untersuchen. Auch Fremdkörper können die Hornhaut verletzen, sei es dadurch, daß sie ohnehin in ihr stecken (Holzsplitter) oder dadurch, daß sie sich im Inneren des Augenlids befinden und durch den Lidschluß immer wieder auf dem Auge reiben (Sandkorn). Aus einer Hornhautverletzung entwickelt sich meist ein Hornhautgeschwür, was wiederum zur Erblindung führen kann, d.h., tierärztliche Behandlung noch am gleichen Tag ist für das Auge lebenswichtig.

Maßnahmen

- Auge mit Leitungswasser oder besser physiologischer Kochsalzlösung waschen und feucht halten (drauftropfen).
- Hund daran hindern, sich am Auge zu kratzen!
- Sofort zum Tierarzt!

OHRENVERLETZUNGEN ▶   Verletzungen der Ohren entstehen meist durch Bisse (s. auch Bisse und Stiche, S. 72) oder spitze Drähte (Stacheldraht) oder Stöcke und betreffen den Ohrlappen/-trichter und / oder den äußeren Gehörgang. Der Hund kann hierdurch jedoch nicht den Gehörsinn verlieren, die entsprechenden Organe liegen viel zu tief in der Kopfhöhle. Durch fehlende und unzureichende Behandlung aber können sich die Wunden infizieren, und diese Keime können wiederum zu einer Ohrenentzündung auch der inneren Gehörgänge führen!

Ohrenverletzungen bluten meist sehr stark, Druckverbände lassen sich aber kaum anbringen, und abbinden kann man die Ohren auch nicht. Hier hilft nur ständiges Pressen mit der Hand und sterilen Gaze-Tupfern auf die Wunde. Hat die Wunde aufgehört, (stark) zu bluten, wird sie wie eine normale Wunde behandelt (Reinigung und Desinfektion, s. auch Wunden und Verbände, S. 25) und ein Ohrenverband angelegt. Dieser wird um den gesamten Kopf gewickelt, so daß das Ohr am Kopf anliegt.

Wer so schöne, lange Ohren hat, kann diese leider auch leichter verletzen.

▶ Anzeichen

☐ Bluten aus dem Maul (oder roter Speichel)

☐ Offenhalten des Fangs

☐ Futterverweigerung

☐ Hängen der Zunge aus dem Maul (vorne oder nur auf einer Seite), ohne daß sie zurückgezogen werden kann

☐ Abgebrochener Zahn

☐ Futter kommt wieder aus der Nase heraus

▶ Verwechslung

Möglicherweise kommt das Blut auch aus der Nase (genau kontrollieren). Blut, das aus dem Maul läuft, kann auch aus „tieferen Gefilden" (Magen, Speiseröhre, Lunge, Luftröhre) kommen. Blut aus dem Magen ist aber meist schwarz, da oxidiert, und Blut aus der Lunge schaumig-rosa-rot. Die endgültige Unterscheidung kann aber nur der Tierarzt treffen. Auch chronische Zahnerkrankungen (Karies, Parodontose) können zu kleineren Blutungen führen.

▶ Verletzungen im Maul und an den Zähnen

MAULVERLETZUNGEN ▶ Stürze, Verkehrs-unfälle, Beißereien und Fremdkörper (vor allem spitze Gegenstände wie Knochensplitter, Holzsplitter, Nägel, Nadeln, Angelhaken etc.) können auch zu Verletzungen im Maulbereich führen. Hierbei können die Lefzen, das Zahnfleisch, der Gaumen, die Zunge, die Zähne und / oder ein Nerv (*nervus hypoglossus*) geschädigt werden. Die Schleimhaut des Mauls ist wie alle Schleimhäute sehr gut durchblutet, daher bluten Verletzungen im Maul oft sehr stark, wobei eine Blutstillung für Sie kaum möglich ist. Der Gaumen kann durch die Verletzung gespalten sein; durch eine Verletzung des Nervus hypoglossus kann die Zunde gelähmt sein.

ZAHNFRAKTUREN ▶ Zu abgebrochenen Zähnen kommt es zusätzlich zu oben genannten Ursachen auch durch Spielen mit Steinen (diese können übrigens auch leicht verschluckt werden und einen Darmverschluß verursachen, daher sind sie niemals ein gutes Spielzeug). Die Fangzähne sind beim Hund sehr häufig betroffen. Oft wird der Zahn so tief gebrochen, daß seine „Versorgungshöhle", die Zahn-Pulpa, mit eröffnet wird, die im direkten Kontakt zur Blutbahn steht. Diese infiziert sich sodann, und es kann im Anschluß zur Zahnfistel mit Knochenvereiterung des Kiefers, sogar bis zur Blutvergiftung kommen.

Maßnahmen

– Klares, kaltes Wasser zu trinken geben (in Maßen),
– nichts mehr zu fressen geben,
– Maul auf Fremdkörper kontrollieren und diesen gegebenenfalls entfernen; schwillt die Stelle an, wo ein Fremdkörper gesteckt hat, versuchen Sie von außen mit einem Cold-Pack (s. S. 29, Blutung stillen) zu kühlen, und bringen Sie den Hund sofort zum Tierarzt!
– Bei Bewußtlosigkeit: Atemwege freihalten, evtl. geronnenes Blut entfernen (s. S. 114, ABC der Reanimation),
– bei starker Schwellung, Blutung oder abgebrochenem Zahn: zum Tierarzt.

► **Verletzungen von Herz und Lunge**

Bei Unfällen, bei denen starke Erschütterungen auf den Brustraum des Hundes wirken oder bei denen spitze Gegenstände in
den Brustraum eindringen, können auch die „lebenswichtig-
sten" Organe Herz und Lunge geschädigt werden. Auch gebrochene Rippen können mit ihren spitzen Enden solches bewirken sowie Schuß- und Stichverletzungen mit Waffen.

Bei Verletzungen des Herzens kommt es aufgrund des Funk-
tionsverlustes durch starken und schnellen Blutverlust und / oder
durch Druck des plötzlich mit Blut gefüllten Herzbeutels auf das
Herz zum Tode. Bei eher leichten Traumata kommt es zunächst
zu typischen Herz-Kreislauf-Anzeichen.

► **Anzeichen**

Herz:
- plötzlicher Kollaps mit Festliegen und / oder Koma,
- Schwäche, Taumeln,
- blasse bis weißliche Schleimhäute,
- fehlender oder schwacher, schneller Puls,
- Schocksymptomatik.

Lunge:
Erschwerte Atmung mit Bauchpresse. Der Hund
versucht mit der Bauchmuskulatur dem Zwerchfell
und der Brustmuskulatur beim Ausatmen „auszu-
helfen". Wie bei einer Wehe preßt der Hund, in
diesem Fall allerdings die Luft, aus dem Brustkorb.
Bei Schmerzen im Brustkorb oder bei starken
Hindernissen in den Atemwegen (Fremdkörper,
Blut, Flüssigkeit, Entzündungssekrete) kommt es
zu diesen Merkmalen:
- Abhusten von rosarotem Schaum.
- Erstickungsanfall, zu erkennen an:
  keuchenden, hektischen Atemzügen,
  blaß-bläulichen Schleimhäuten,
  gestrecktem Hals und Kopf,
  nach außen gerichteten Ellenbogen,
  blauer Zunge,
  Schwäche, Taumeln.

Die Anschaffung einer Transport-
kiste hat sich auch für Tierarzt-
besuche bewährt. Wichtig ist eine
Polsterung der Gitterwände, damit
sich der Hund beim Transport im
Auto nicht verletzen kann.

▶ Verwechslung

Auch der Schock ist ein akutes
Kreislaufversagen, bzw. im
Falle der Herzverletzung wäre
dies ein cardiogener („herzmäßiger") Schock. Kollaps
und / oder Koma können auch
vom Hirn ausgehen, Blut aus
Maul / Nase kann sowohl aus
dem Nasenbereich, dem
Maulbereich, aus Luftröhre,
Speiseröhre und Magen kommen; typisch allerdings ist die
schaumige Form des Blutes
aus der Lunge. Erstickungsanfälle und schwere Atem-
beschwerden kann jede akute
Lungenerkrankung hervor-
rufen.

Die Lunge kann durch spitzen Einstich, durch Quetschung
oder durch einen Riß beispielsweise bei Verkehrsunfällen verletzt werden, wodurch es zu massiven Blutungen in die luft-
führenden Wege (Bronchiolen, Alveolen) der Lunge kommt. Die
Folge ist eine hochgradig erschwerte Atmung.

Maßnahmen

– Streß und Schmerzen für das Tier vermeiden,
– bei Herz- oder Atemstillstand: ABC der Reanimation,
– Hund in der Körperhaltung lassen, die er einnimmt;
  er erleichtert sich selbst das Atmen,
– für Frischluft sorgen: so viel Sauerstoff wie möglich (alle Fenster auf, Luft zufächern).

▶ Zwerchfellriß

Das Zwerchfell ist vor allem für die Atmung zuständig. Es besteht aus Muskulatur, Bindegewebe und verschiedenen Häuten und unterteilt die Körperhöhle in die Brusthöhle, in der sich Herz und Lunge befinden, und in die Bauch- / Beckenhöhle. Nur die Speiseröhre und einige Blutgefäße gehen normalerweise hindurch. Bei starken Gewalteinwirkungen auf den Brustkorb oder den Bauchraum (Verkehrsunfall, Sturz, Tritte etc.) oder die Körperseiten des Hundes kann das Zwerchfell reißen und zwar unterschiedlich stark. Bei kleineren Rissen verliert die Brusthöhle nur wenig an Unterdruck, den sie für die normale Atmung unbedingt braucht. Bei größeren Rissen können jedoch Bauchorgane wie Magen, Darm, Milz und Leber in die Brusthöhle vordringen. Dort behindern sie einerseits die Funktion von Lunge und Herz, andererseits können sie auch durch das Zwerchfell abgeschnürt werden. Die Atmung ist aufgrund des geschädigten Zwerchfells und der falschen Druckverhältnisse im Brustkorb ohnehin behindert; all dies führt unterschiedlich schnell zu einer lebensbedrohlichen Situation.

Maßnahmen

– Den Hund in der Körperhaltung lassen, die er selbst einnimmt, denn er weiß am besten, wie er optimal atmen kann, solange er bei Bewußtsein ist (wahrscheinlich wird er die Brustlage bzw. -stand, einnehmen, mit nach außen gestreckten Ellenbogen),
– für frische Luft sorgen, nicht rauchen,
– nichts mehr füttern,
– kein Streß,
– vorsichtig transportieren,
– evtl. auf Herz- und Atemstillstand achten,
– bei Herz- / Atemstillstand: ABC der Reanimation,
– sofort zum Tierarzt,
– falls bewußtlos: Hund vorne leicht hochlagern (schiefe Ebene),
– nicht unter dem Bauch hochheben.

▶ Anzeichen

☐ Erschwerte Atmung bis Atemnot,

☐ „dicker Brustkorb, dünner Bauch" (man sagt auch „aufgeschürzt"),

☐ Herztöne evtl. kaum zu hören,

☐ blasse bis bläuliche Schleimhäute und Zunge,

☐ evtl. „Darmgeblubber" unter den Rippen zu hören.

▶ Verwechslung

Alle akuten Lungenerkrankungen und andere Krankheiten können zu stark erschwerter Atmung und bläulichen Schleimhäuten führen. Auch im Schock beispielsweise sind blasse Schleimhäute zu sehen. Sehr übergewichtige Tiere haben viel Fett zwischen Haut und Herz, so daß auch bei diesen Tieren das Herz schwer zu hören sein kann. Darmgeräusche (wie Magenknurren) hört man oft leise „von hinten" bis in die Brusthöhle.

▶ Anzeichen

☐ Schockanzeichen (s. S. 53)

☐ Volumenzunahme des Bauchraumes

☐ evtl. plätschernde Geräusche (Stethoskop!) bzw. „Wellen"-Bewegung bei Klopfen gegen die Bauchwand zu hören bzw. zu spüren

☐ starke Schmerzen in der Bauchregion

☐ fehlender Harnabsatz (bei Blasen- oder Harnwegsriß)

☐ Fieber

☐ Bewußtlosigkeit

▶ Verwechslung

Eine Schocksymptomatik kann jeder Notfall mit sich bringen, in Kombination mit aufgeblähtem Bauchraum muß auch eine Magendrehung vermutet werden! Flüssigkeit in der Bauchhöhle gibt es auch bei Bauchwassersucht (beispielsweise bei chronischer Herzinsuffizienz).
Schmerzen im Bauchraum treten auch bei Krankheiten der jeweiligen Organe auf. Der Harnabsatz kann auch durch den Schock gestört sein sowie beispielsweise durch Nierenversagen oder bei Steinen in den ableitenden Harnwegen.

▶ Verletzungen von Bauchhöhlenorganen

Alle in der Bauch- (und Becken-)höhle gelegenen Organe (Leber, Magen, Bauchspeicheldrüse, Darm, Milz, Nieren, Blase und ableitende Harnwege) können durch starke Gewalteinwirkung (Unfall, Sturz, (Huf-)Tritt etc.) gequetscht werden oder auch reißen.

Zunächst kommt es durch solche Verletzungen zu starken oder sehr starken (Milz, Leber) Blutungen in die Bauchhöhle. Das Blut geht so dem Kreislauf verloren, und ein Volumenmangel-Schock (s. S. 53 Schock) kann eine lebensbedrohliche Situation herbeiführen.

Auch die individuellen Schäden an den jeweiligen Organen können zum Tode führen (Leberversagen, Nierenversagen). Schließlich kann es auch durch Austritt von Verdauungsenzymen (Bauchspeicheldrüse), Bakterien (Magen-/ Darminhalt) oder Harn (Niere, Blase, Harnleiter, Harnröhre) zu lebensbedrohlichen Komplikationen kommen. Man kann solche Verletzungen von außen immer nur vermuten, die endgültige Klarheit schafft nur weitere Diagnostik (Blutwerte, Ultraschall, Radiologie) durch den Tierarzt.

Maßnahmen

– Hund ruhig behandeln und vorsichtig transportieren
– auf Bewußtlosigkeit achten
– auf Schleimhäute, Herzschlag, Atmung achten
– falls Atem- und/oder Herzstillstand: ABC der Reanimation
– schnellstens zum Tierarzt

► **Offene Brust-,
Bauch- oder Beckenhöhle**

Die Brusthöhle wird begrenzt durch die Rippen und das Zwerchfell, welches wie ein nach kopfwärts gespanntes Tuch die Brusthöhle von der Bauchhöhle trennt, die ihr folgt. In der Brusthöhle liegen Herz und Lunge, wo ein Unterdruck besteht, weil sonst die Lunge in sich zusammenfiele (kollabiert). Durch Stich-, Schußverletzungen, Unfälle, aber auch oft durch Bißwunden (von großen Hunden, die kleinere beißen) wird die Brusthöhle perforiert und dabei eröffnet. Außer den Verletzungen, die zusätzlich entstehen können, wird so Luft in die Brusthöhle gesogen, der Unterdruck hält sich nicht, und die Lungen kollabieren, was zu hochgradiger Atemnot führen kann.

In der Bauch-/Beckenhöhle liegen Magen, Leber, Darm, Bauchspeicheldrüse und Milz, Nieren und Blase, sowie beim weiblichen Tier die Gebärmutter. Sie ist mit Bauchfell ausgekleidet, darüber befindet sich Muskulatur, dann folgt Unterhaut und schließlich Haut mit Fell. Bei stumpfen Gewalteinwirkungen (Schlag, Tritt, Verkehrsunfall) sowie durch spitze Perforationen (Schuß, Stich, Biß) können entweder alle diese Schichten durchbrochen sein (offen) oder bei stumpfen Traumata auch nur das Bauchfell, wodurch Organe (Darm, Blase etc.) unter die Haut „vorfallen" können, dies führt zur Wölbung.

Ist die Bauchhöhle großflächig eröffnet, fallen Organe nach außen vor, vor allem Darm und das den Darm umkleidende Netz aus Fett und Gefäßen.

► **Anzeichen**

☐ Brusthöhle:
– Schockanzeichen
– schnelle Atmung
– Atemnot, Erstickungsanfall
– aufgeblähter Brustkorb
– Knistern unter der Haut
– sichtbare Öffnung
– Fieber

☐ Bauch-, Beckenhöhle:
– Schockanzeichen
– sichtbare Öffnung
– vorfallende Organe (Darm, Netz, Blase) oder „Beule" unter der Haut
– Fieber

Maßnahmen

Brusthöhle:
– Schockmaßnahmen
– auf Schleimhäute, Herzschlag, Atmung achten
– bei Atem- / Herzstillstand: ABC der Reanimation
– bei Bewußtlosigkeit: Kopf und Hals strecken, Zunge herausziehen
– für Frischluft sorgen (Fenster auf, Luft zufächeln etc.)
– kein Streß
– Wunde mit Kochsalzlösung spülen

▶ **Verwechslung**

Brusthöhlenverletzung:
Schock, akute Atemwegs-
notfälle (Lungenödem, Fremdkörper in Atemwegen etc.).

▶ **Info**

Was brauche ich?
Mehr als 1 Liter sterile Kochsalzlösung (d.h. ungeöffnet).
Man bekommt diese schnell
in Apotheken, Krankenhäu-
sern und evtl. Arztpraxen.
Merke: Wunddesinfektions-
mittel niemals in Brust- oder
Bauchhöhle schütten!

– Wunde mit sterilen Gaze-Tupfern abdecken
– auf verwundete Seite legen
– sofort zum Tierarzt

Bauch-/Beckenhöhle:
– Schockmaßnahmen
– auf Schleimhäute, Atmung, Herzschlag achten
– bei Atem- / Herzstillstand: ABC der Reanimation
– vorfallende Bauchorgane mit mehreren Litern
  steriler Kochsalzlösung abspülen oder darauf laufen lassen
– diese nur mit sterilen Gaze-Tupfern anfassen
– auf Blutungen mit sterilen Gaze-Tupfern Druck ausüben
– Organe vorsichtig zurückverlagern
– bei Transport vorsichtig in der Bauchhöhle halten
– weiter sterile Kochsalzlösung in die Bauchhöhle fließen lassen (die Organe können ruhig schwimmen, es kann nicht
  zuviel sein)

Durch Unachtsamkeit passieren
manchmal die unnötigsten Verletzungen.

► Verletzungen von Muskeln, Sehnen und Bändern

Da diese Gewebe bzw. Organe des Bewegungsapparates nicht vorrangig lebenswichtig sind, sind solche Verletzungen, außer wenn sie stark bluten, nicht lebensgefährlich.

Muskelverletzungen entstehen meist durch zu starken Zug (beispielsweise Hängenbleiben oder Überdehnung, oft bei nicht „aufgewärmten" Muskeln), durch Schlag oder Quetschung sowie perforierend durch Stich, Biß oder Schuß. Muskelwunden, besonders durch Einstiche, müssen vom Tierarzt chirurgisch behandelt und besonders gut desinfiziert werden, da eindringende Keime hier besonders (lebens-) gefährlich sein können, weil sie sich im Muskel sehr „wohl fühlen" (Tetanus, Wundbrand, Gasbrand).

Bänderverletzungen sind meist Risse durch Überdehnung eines Gelenks beim Auskugeln, Verstauchen oder perforierende und damit infizierte Wunden durch Biß, Stich oder Schuß.

Wunden und Blutungen sind wie in den entsprechenden Kapiteln beschrieben zu behandeln.

Sehnenverletzungen: Sehnen sind Verbindungsstücke zwischen Muskeln und Knochen, d.h. sind sie verletzt bzw. durchtrennt, kann der Muskel den betroffenen Knochen oder das Gelenk nicht mehr in seine Richtung bewegen. Sehnen können durch zu starken Zug, beispielsweise beim Hängenbleiben in einer Spalte etc. mit nachfolgendem Befreiungskampf, abgerissen werden oder durchschnitten sein. Abgerissen werden beim Hund hauptsächlich die Sehne des Bizeps am oberen Vorderbein, so daß dieses nicht mehr gebeugt, d.h. angehoben, werden kann, oder die Achillessehne, die vom Oberschenkel hinten zur „Ferse", am Sprunggelenk, verläuft. Hochgradige Lahmheit ist die Folge.

Durchtrennt, beispielsweise durch Glasscherben, Stacheldraht, werden häufig die Beugesehnen oberhalb der Ballen „hinten" (schwanzwärts) am unteren Bein, sowohl am vorderen als auch am Hinterbein. Bei jedem tieferen Schnitt in dieser Region ist eine solche Durchtrennung zu befürchten.

Maßnahmen

Die Erstbehandlung durch Sie richtet sich danach, ob die Verletzung „offen" oder „gedeckt" ist (dann: Cold-Pack). Nach der Versorgung (Naht) einer Sehne durch den Tierarzt muß das betreffende Bein noch 4 bis 6 Wochen ruhiggestellt werden (Delta-Cast-Verband)

> ### ► Info
>
> Auch diese Verletzungen können gedeckt oder offen sein, wobei – da gut durchblutet – offene stark bluten und gedeckte stark anschwellen.

> ### ► TIP
>
> *Sehnen, ob abgerissen oder durchtrennt, sollten innerhalb von vier Stunden vom Tierarzt mit einer Spezialnaht genäht werden.*

▶ **Nervenverletzungen**

Das Nervensystem von Mensch und Tier läßt sich unterteilen in zentrale Nerven (Gehirn und Rückenmark = ZNS; s. S. 38 Hirn- und Rückenmarktraumata) und periphere Nerven, wobei die Verletzungen letzterer hier besprochen werden sollen. Periphere Nerven kommen ursprünglich alle aus dem Rückenmark (motorische) oder ziehen dorthin (sensorische) und sind für Fühlen und Bewegung bestimmter Muskeln bzw. Körperregionen zuständig. Das bedeutet, werden sie zerstört – durch Abriß, Quetschung, Prellung oder Schnitt, Verkehrsunfall, Schuß, Biß, Knochensplitter, Schlag etc. –, fallen bestimmte Bewegungen durch schlaffe oder spastische Lähmung von einzelnen Muskeln aus, und / oder bestimmte Hautbezirke sind taub, so daß bestimmte Reflexe ausfallen.

Erste Hilfe läßt sich hier kaum leisten, bis auf die allgemeinen Maßnahmen. Die geschädigten Nerven müssen vom Tierarzt (Vitamin-B-Komplex-Gaben, Lasertherapie etc.) behandelt werden.

Anzeichen

Nerven des Schulter-/Brust-Nervengeflechts:
- „hängende Schulter"
- schleifende Pfote
- Taubheit der Pfoten- / Unterarmhaut (wenn auf Reize wie Zwicken und Piksen mit einer Nadel (Vorsicht!) keine Schmerzreaktion erfolgt (Hingucken, Winseln, Schnappen etc.)
- Abnahme der Muskulatur (nur nach längerer, unbemerkter Schädigung über mehrere Wochen)

Nerven des Lenden-/Schwanz-Nervengeflechts:
- „Spagatstellung"
- auf Pfotenrücken auftreten
- schleifende Pfote
- taube Hautpartien am Hinterbein (auch hier Test durch Zwicken und Piksen)
- Abnahme der Muskulatur (auch hier erst nach Wochen)
- fehlender Schließreflex des Afters (normalerweise zieht sich dieser bei Berührung reflektorisch in sich zusammen)
- schwere Bewegungsstörungen

Verwechslung

Alle Bewegungsstörungen können beispielsweise auch Folge einer Knochen- / Gelenk- oder Sehnen-Schädigung sein. Zusammen mit Taubheit von Hautpartien kann es sich auch um eine Rückenmarkschädigung handeln, dann aber beidseitig ab einer bestimmten Stelle der Wirbelsäule.

▶ **Schock**

Der Schock im medizinischen Sinne ist nicht – wie im Alltag gebräuchlich – ein psychischer Schock im Sinne eines Schrecks, sondern ein akutes Kreislaufversagen. Dieses Kreislaufversagen ist ein Zustand, keine Krankheit, der unglaublich viele Ursachen haben kann und unbehandelt in den meisten Fällen zum Tode führt.

Der Kreislauf des (Hunde-)Organismus besteht aus dem Herzen, der treibenden Kraft, den Arterien (Blutgefäße vom Herzen ausgehend), den Venen (Blutgefäße zum Herzen hin), kleineren (Arteriolen, Venolen) und kleinsten (kapillare Endstrombahn) Blutgefäßen (verästelt wie ein Baum) und dem Blut selbst, bestehend aus Wasser, „Blutinhaltstoffen" (Enzyme, Transporteiweiße, Nährstoffe, Sauerstoff, Kohlendioxid, Mineralien) und den Blutzellen (rote und weiße Blutkörperchen). Man kann den Kreislauf grob unterteilen in 1. Herz, 2. Gefäße und 3. Blut. Jede Ursache, die eine dieser Komponenten negativ beeinflußt, kann zum Schock führen, da der Kreislauf insgesamt schwer belastet wird:

▶ **Info**

Bei jedem Notfall besteht Schockgefahr!

1. HERZ ▶ (cardiogener „herzmäßiger" Schock). Ursachen können hier sein: traumatische Herzschädigung (Verletzung), Herzinsuffizienz, Herzinfektionen (Katzenseuche, bakterielle Allgemeininfektionen, Abszesse) etc.

2. GEFÄSSE ▶ Hier ergeben sich der septische Schock (bei Bakteriengiften), der anaphylaktische Schock (bei Allergenen), der traumatische Schock (Hirntrauma) oder der toxische Schock (durch Gifte). Durch unten genannte Ursachen kommt es zur reflektorischen Weitstellung von Blutgefäßen, so daß der Blutdruck plötzlich radikal „in die Tiefe" stürzt. Am besten bekannt ist der in diese Kategorie fallende anaphylaktische Schock, eine Allergie vom Sofort-Typ, bei der es durch Allergene wie beispielsweise Arzneimittel (Penicillin!) zu dieser Weitstellung der Blutgefäße kommt. Weitere Ursachenbeispiele sind Bakterientoxine (Blutvergiftung, Magen-/ Darmverletzungen, Magendrehung, Darmverschluß, Abszesse, Infektionskrankheiten u.v.m.), Allergene, Verkehrs-/ Sturz-Unfälle (Polytrauma), Vergiftungen etc..

3. BLUT ▶ Hier handelt es sich um den hypovolämischen Schock oder den Volumenmangel-Schock (hypo = weniger + Volumen + ämisch = blutbezogen). Ursachen können sein: starke

Blutverluste (starke innere oder äußere Blutungen, Blutgerinnungsstörungen (z.B. durch Rattengift), starke Flüssigkeitsverluste (starker Durchfall, starkes Erbrechen, Verbrennungen).

Sie sehen, der Schock ist fast bei jeder Notsituation zu befürchten, er greift dominant in das Krankheitsgeschehen ein und ist dann oft für den Tod verantwortlich.

Merke: Nur in der 1. bzw. bedingt in der 2., nicht mehr jedoch in der 3. Schockphase kann das Geschehen noch durch tierärztliche Maßnahmen zum Stillstand gebracht werden. Ist der Schock bereits in der 3. Phase, führt er unweigerlich zum Tode.

Zunächst versucht der Organismus durch verschiedene Mechanismen (Zentralisation des Kreislaufs, Erhöhung der Herzfrequenz, Flüssigkeits-„Sparen"), den desolaten Kreislauf zu kompensieren, dieses System bricht jedoch in der 2. bis 3. Schockphase zusammen (Dekompensation).

Der Schock verläuft immer in drei Phasen, allerdings ist dies von der Zeitdauer völlig unabhängig, die Phasen werden zwar immer durchlaufen, dies kann aber innerhalb von 30 Min. oder auch von mehreren Tagen geschehen.

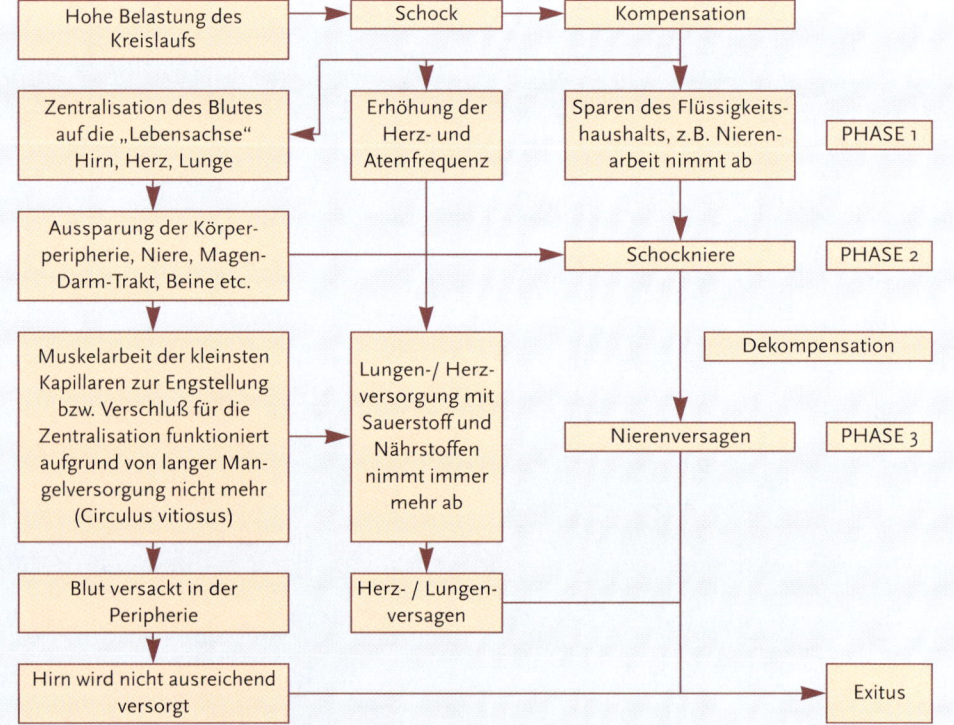

Anzeichen

☐ Erhöhte Herzfrequenz (normale Frequenzen siehe S. 12), da das Herz versucht, den instabilen Kreislauf zu kompensieren, indem es schneller schlägt;

☐ schneller, schwacher Puls: schnell, da er der Herzfrequenz entspricht, schwach, weil der Blutdruck niedrig ist;

☐ erhöhte Atemfrequenz, da sich durch die Verkoppelung der Steuerzentren von Kreislauf und Atmung im Gehirn die Atemfrequenz immer der Herzfrequenz anpaßt;

☐ blasse bis weißliche Schleimhäute, da der Körper die Randregionen aus der Blutversorgung ausschließt, also auch die Schleimhäute (s. auch Schaubild);

☐ Schwäche, evtl. Zittern, durch die allgemeine Kreislaufsituation;

☐ kalte (kühle) „Körperenden" (Schwanz, Beine, Pfoten, Ohren), durch die Zentralisation;

☐ veminderter bis gar kein Urinabsatz, da durch die schwache Kreislauftätigkeit sowie den niedrigen Blutdruck auch die Niere nicht arbeiten kann, also keine Harnproduktion erfolgt (Schockniere);

☐ Apathie = Teilnahmslosigkeit, Sichzurückziehen des Hundes (beispielsweise in dunkle Ecken);

☐ zusätzlich bei Allergieschock: starke Unruhe, starker Juckreiz, Nesselfieber (s. S. 70).

Schaubild Schockverlauf (S. 54, vereinfacht und verkürzt)
Man spricht in der Medizin auch vom „maskierten" Schock, der nur undeutliche Anzeichen zeigt (beispielsweise nur ein bißchen Schwäche, etwas blasse Schleimhäute, etwas erhöhter Puls, verminderter Harnabsatz), aber dennoch tödlich sein kann. Auch der Tierarzt kann den Schock nicht immer mit absoluter Sicherheit ausschließen, obwohl er ihn durch die Labordiagnostik besser sichtbar machen kann. Deshalb wird er immer, wenn eine mögliche Schockursache vorliegt, eine sogenannte Schockprophylaxe, z.B. eine Corticoid-Therapie, Infusion und „Nierenstarter", vornehmen, denn der Patient kann auch an den Folgen sterben. Aufgrund langer Minderdurchblutung kann sich die Schockniere zu einem lebensbedrohlichen Nierenversagen auswachsen. Das bedeutet auch für Sie, die Sie nun über die Ursachen des Schocks informiert sind, lieber einmal zuviel als einmal zuwenig zum Tierarzt zu gehen!

Maßnahmen

- kein Streß!
- frische Luft (Fenster auf)
- soweit möglich, Ursachen behandeln / abstellen (Blutungen stillen, von Giftquelle entfernen etc.)
- Puls kontrollieren
- auf Herzstillstand achten; falls Herzstillstand: ABC der Reanimation
- kalte Gliedmaßen mit Decke wärmen
  nicht (wie beim Menschen) die Beine hoch legen. Der Hund versteht diese Maßnahme nicht und wird sich immer wieder in eine andere Position begeben bzw. dagegen ankämpfen (Streß).

> ### ▶ Verwechslung
>
> Die Symptomatik Schwäche und Teilnahmslosigkeit kann bei jeder denkbaren Erkrankung auftreten. Die Kreislauf-Anzeichen sind schon deutlicher, was das Organsystem betrifft. Grundsätzlich kann man aber sagen, daß das Bewußtsein um die Ursache des Schocks für die Vermutung wichtiger ist als das Wissen um die Anzeichen, schon deshalb, weil es sich nicht um eine Krankheit, sondern um einen lebensbedrohlichen Zustand handelt.

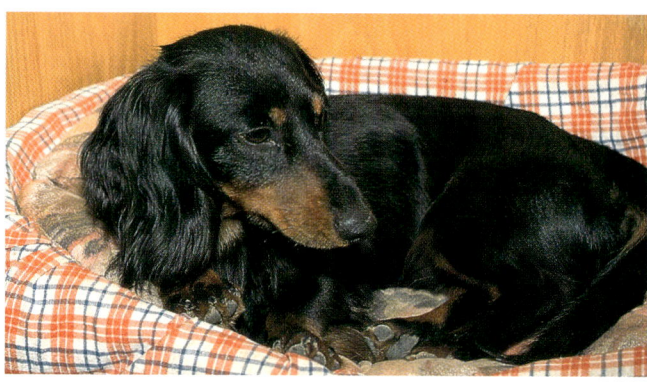

Hunde sollten nach einem behandelten Schockzustand einen Ruheplatz bekommen, an dem sie ungestört bleiben.

▶ Verbrennungen

Auch Hunde können sich auf die verschiedensten Arten und Weisen Verbrennungen zuziehen, sei es durch Flammen selbst, glühende oder heiße Gegenstände (Grillkohle, Herdplatte, Bügeleisen etc.), kochende Dämpfe oder Wasser sowie andere heiße Flüssigkeiten.

Die akute Lebensgefahr bei Verbrennungen kommt durch den Schock zustande, der infolge mehrerer Faktoren entsteht:

1. Flüssigkeits- und Plasmaverlust des Gewebes bzw. Blutes durch die Hitzeeinwirkung auf den betroffenen Gewebebezirk erzeugt den hypovolämischen Schock (s. S. 53);
2. Resorption von durch die Verbrennungen entstandenen giftigen Eiweißkörpern führt zum septischen Schock;
3. Durch den Streß und die Überhitzung des gesamten Körpers (Temperatur messen!) entsteht der cardiogene Schock (siehe S. 53).

Die Dauer der Einwirkung und der Hitzegrad sind entscheidend für den Grad der Verbrennung, die Ursache ist hierbei unerheblich.

VERBRENNUNG 1. GRADES ▶ Sie ist gekennzeichnet durch Rötung der Haut und Schwellung sowie Schmerz. Die Hautpartie ist wärmer, es entsteht keine Blase. Leichte Verbrennungen (bzw. kurzzeitige) sowie der allseits bekannte, leichte Sonnenbrand gehören in diese Kategorie.

Maßnahmen

– Kühlung bis zur tierärztlichen Behandlung durch kaltes Wasser / mit kaltem Wasser getränkte Tücher / Cold-Packs (s. S. 29, Blutungen stillen) / klarer Bach / Badewanne / Wasserschlauch etc.; Improvisation ist gefragt;
– Schockmaßnahmen;
– später kühlende Gels / Salben auftragen, evtl. mit Antihistaminika.

VERBRENNUNG 2. GRADES ▶ Bei der Verbrennung 2. Grades entsteht die typische Brandblase zusätzlich zu den oben genannten Anzeichen. Sie füllt sich zunehmend mit einer durchsichtigen bis gelblichen Flüssigkeit.
– Kühlung wie beim 1. Grad,

▶ Info

Grundsätzlich besteht bei großflächigen Verbrennungen (ab $\frac{1}{4}$ der Körperoberfläche) sowie bei Verbrennungen 3. oder 4. Grades Lebensgefahr.

– Schockmaßnahmen
– später Öffnung der Blase durch den Tierarzt und Behandlung mit austrocknenden Pudern und Heilsalben

VERBRENNUNG 3. GRADES ▶ Bei diesem schweren Grad bildet sich durch die Hitze bei der Verbrennung ein Schorf im Zentrum der Verbrennung. Dieses verbrannte Gewebe ist tot, deshalb nennt man dies Nekrose. Diese Nekrose kann zunächst feucht und nässend sein, ist braunrötlich bis schwarz und trocknet zunehmend aus. Sie sieht einer Kruste auf einer heilenden Wunde ähnlich.

– Kühlung;
– Hund weit von dem Brandherd wegbringen (durch seinen guten Geruchsinn führt der Rauch zu Angst und Panik, dieser Streß wiederum begünstigt den Schock);
– Abdecken der Brandwunde mit sterilen, mit Kochsalzlösung (oder Leitungswasser) getränkten Gaze-Tupfern oder mit Frischhaltefolie;
– vorsichtige Entfernung nekrotisierter Hautbezirke, falls dies schmerzfrei geschehen kann! Dieser Schorf ist teilweise giftig und sollte vom Körper nicht resorbiert werden. Außerdem ist er ein fruchtbarer Nährboden für Bakterien aller Art (diese können zur Infektion der Brandwunde führen, was eine schlechtere Heilung bedingt). Der Schorf ist meist, da er tot ist, taub, so daß er oft vorsichtig schmerzfrei entfernt werden kann. Ist dies nicht möglich, unbedingt unterlassen;
– Schockmaßnahmen

VERBRENNUNG 4. GRADES ▶ Dieser schwerste Grad äußert sich durch Verkohlung ganzer Gewebebezirke und kommt nur unter extremer Hitzeeinwirkung vor (Blitzschlag, flüssige Metalle). Die betroffenen Gewebe müssen meist amputiert werden.

– Kühlung, wie oben;
– Maßnahmen wie bei Verbrennungen 3. Grades

▶ Erfrierungen

LOKALE ERFRIERUNG ▶ Lokal bedeutet örtlich, und eine örtliche Erfrierung kann beim Hund an Körperteilen auftreten, die nicht oder wenig durch Fell geschützt sind, leicht feucht werden oder / und wund sind, wie Ballen, Gesäuge, Hoden, Penis. Temperaturen unter −15° C und Temperaturen unter 0° C in Kombination mit Nässe können dort zu Erfrierungen führen.

Sofortmaßnahmen
– Unter kaltem Wasser oder mit Eis oder Schnee betroffene Körperstelle massieren;
– nach ein paar Minuten Temperatur langsam steigern;
– Körperstelle mit fettender Heilsalbe bedecken;
– Verband anlegen und zum Tierarzt fahren.

ALLGEMEINE ERFRIERUNGEN ▶ Hunde sind normalerweise unempfindlich gegen niedrige Außentemperaturen, dennoch kann es durch Extremsituationen, besonders wenn die Hunde nicht an niedrige Temperaturen gewöhnt sind oder es sich um Welpen, sehr alte, kranke, unterernährte oder wenig behaarte Hunde handelt, zu Erfrierungen kommen, die den Gesamtorganismus betreffen, wie durch Einbrechen in Eis (Kombination von Kälte und Nässe). Alle biochemischen Vorgänge im Körper werden durch die Untertemperatur immer träger oder kommen zum Stillstand, und auch der Kreislauf wird extrem belastet (s. S. 53).

Zunächst kommt es zu erheblichem Muskelzittern, Schwäche, steifem Gang und langsamer Herz- und Atemfrequenz (s. S. 12, Beurteilung des Allgemeinbefindens), schließlich zum Tod in Bewußtlosigkeit, wenn die Körpertemperatur unter 20 – 22° C abfällt.

Maßnahmen
– den Hund (trocken) rubbeln und massieren
– in einen kühlen Raum bringen und mit einer Decke bedecken,
– kalten Bohnenkaffee einflößen, ca. 2 – 5 ml pro 10 kg Körpergewicht
– Körpertemperatur überwachen (mittels Fieberthermometer)
– bei Atem- / Herzstillstand: ABC der Reanimation
– innerhalb 1 Stunde Raum auf Zimmertemperatur bringen
– nach 1,5 – 2 Stunden Hund mit Wärmeflasche und / oder Rotlichtlampe noch wärmer halten
– schnellstmöglich Rücksprache mit dem Tierarzt

▶ Anzeichen

Anzeichen sind zunächst Taubheit und Blässe (außer Ballen) der betroffenen Gewebebezirke. Später unterscheiden sich die Erfrierungsgrade ähnlich wie die Verbrennungsgrade:

1. Grad: Rötung und Schmerz,

2. Grad: Blase mit roter Flüssigkeit und Schmerz,

3. Grad: abgestorbenes, weiches, poröses, taubes Gewebe.

▶ Info

Weder bei örtlichen noch bei allgemeinen Erfrierungen den Hund oder den Körperteil des Hundes zu schnell erwärmen, es kommt hierdurch zum Gewebstod und zum Schock.

▶ Ertrinken

Alle Hunde können von Natur aus schwimmen, der eine mehr, der andere weniger gut, aber je nach Kondition unterschiedlich lange. Ist die Kraft verbraucht, so können auch Hunde ertrinken.

Fallbeispiele
- Hund schwimmt bis zur Mitte eines Sees und schafft den Rückweg nicht mehr
- Hund fällt oder springt in Schwimmbecken oder Gartenteich und findet keine Möglichkeit hinaus.
- Hund bricht in Eis ein, kommt aber nicht wieder heraus. Durch die Panikatmung unter Wasser gelangt Wasser in die Lunge.

Anzeichen

☐ Erstickungsanfall (s. S. 45, Lungenverletzung),

☐ aussetzende Atmung,

☐ blaue Schleimhäute und / oder Zunge.

Maßnahmen

- Hund kopfüber an den Hinterbeinen hochheben und schwenken / schütteln, so kann das Wasser die Lunge und die Atemwege wieder verlassen (so lange hochhalten, wie Wasser herauskommt);
- große Hunde werden auf eine „schiefe Ebene" gelegt, d.h., das Hinterteil ist erhöht
- Atmung durch kräftiges Rubbeln über die Rippen- / Brustbeinregion anregen;
- bei Bewußtlosigkeit, weiterem Atemstillstand, Herzstillstand abhören, Puls fühlen (ABC der Reanimation, S. 114)
- bei sehr kaltem Wasser: Hund gut trockenreiben und in Decke / Handtuch / Jacke etc. einwickeln;
- Temperatur messen, sobald der Hund wieder atmet
- sofort zum Tierarzt

Herz- oder altersschwache Hunde sollten nicht zu oft und nicht zu weit nach dem Stöckchen schwimmen müssen.

▶ Stromschlag

Hunde können durch die gleichen Ursachen wie der Mensch einen Stromschlag erleiden, wie durch:
– schlecht isolierte Kabel (und mit ihnen in Verbindung stehende Metallteile)
– schlecht isolierte Steckdosen (feuchte und neugierige Welpennase)
– eingeschaltete oder eingesteckte (angeschlossene) Elektrogeräte in der Nähe einer gerade benutzten Badewanne (Hund wird gebadet und soll danach schnell trockengeföhnt werden)
– vor allem Welpen und sehr junge Hunde spielen gern mit allem, was herumliegt und beknabbern dieses
– Hunde können vom Blitz getroffen werden

Strom fließt entlang von guten Leitern im Körper (Blutgefäße, Nerven, Muskelfasern) und kann durch seine Wirkung im Hirn zu Atemstillstand und am Herz zu Herzstillstand und damit zum Tod führen; die Wahrscheinlichkeit hierfür steigt mit der Stromstärke, der Stromspannung und der Einwirkungszeit sowie mit der Leitfähigkeit der Haut (Nässe). Wo der Strom auf Widerstände trifft, erzeugt er Wärme, also auch an der Eintrittsstelle der Haut. Zu Verbrennungen höherer Grade kommt es allerdings erst bei Hochspannung (> 20 000 Volt).

Maßnahmen
– Hund schnellstmöglich von der Stromquelle trennen, er kann sich selbst nicht lösen. Vorsicht: Sie sind hierbei selbst in Gefahr! -> Strom abschalten (Stecker herausziehen),
– falls nicht möglich, Stromquelle mittels nichtleitendem Material (Kunststoff, Holz) wegschlagen,
– oder Hund mit Holzstuhl, Gummistiefel etc. von der Stromquelle entfernen,
– Hund beruhigen und liegenlassen
– Herz, Pulsschlag, Atmung überwachen (s. S. 114)
– bei Bewußtlosigkeit, Herz- / Atemstillstand checken
– Verbrennungen an der Eintrittsstelle entsprechend Kapitel Verbrennungen, S. 57, versorgen
– zum Tierarzt gehen, da akute Schockgefahr besteht

▶ Info

Überlebt der Hund den Stromschlag, kann er noch Minuten später bewußtlos (scheintot) sein, es folgen oft steifer Gang und Benommenheit auch noch nach über 24 Stunden. Auch über bleibende Nervenschädigungen wird berichtet.

Aufnahmemöglichkeiten für Gifte

1   Die orale Aufnahme – dies ist die wohl geläufigste und häufigste Art der Giftaufnahme, nämlich die über das Maul, wie Fressen von Rattengift.

2   Die alimentäre Aufnahme – eine Sonderform der oralen Aufnahme; das Gift wird über ein Lebensmittel / Nahrungsmittel aufgenommen, ähnlich der Pilzvergiftung des Menschen: verdorbenes Futter oder ein Tier (Maus, Ratte), welches selbst vergiftet wurde.

3   Die aerogene Aufnahme – die Aufnahme über die Luft (= Aero); giftige Gase, wie Kohlenmonoxidvergiftung.

4   Die Aufnahme durch Kontakt mit der Haut / Pfoten: Viele Stoffe (Asbest, Kontaktinsektizide, Chemikalien) sind in der Lage, über die Haut in den Körper einzudringen (denken Sie nur an die Felder mit Unkrautvernichtungsmitteln). Darüber hinaus gibt es auch Amphibien (Pfeilgiftfrosch), deren bloße Berührung zur Vergiftung führen kann.

5   Die Vergiftung per Injektion – das Injizieren eines Giftes direkt ins Gewebe oder ins Blut – ist eine weitere Möglichkeit, die der Arzt oder der Tierarzt bei einer Überdosierung eines Arzneimittels „wählt" (gewollt bei der Euthanasie); aber auch Schlangenbisse oder Skorpionstiche gelten als Vergiftungen durch Injektion.

Vergiftungen

Wie kann sich ein Hund vergiften? Giftig kann grundsätzlich alles sein, es kommt nur darauf an, welche Menge eines Stoffes von einem Lebewesen aufgenommen wird (= Dosis). Es gibt unüberschaubare Möglichkeiten für Vergiftungen.

Kohlenmonoxid und -dioxid sind schwerer als die normale Luft, so daß es sich in Bodennähe ansammelt, wo die Hunde atmen (Tiefgaragen, Garagen, Weinkeller, Höhlen).

Anzeichen

Alle Anzeichen einer möglichen Vergiftung können auch für unzählige andere Erkrankungen sprechen, so daß eine Verwechslungsangabe schier unmöglich ist. Wenn diese Krankheits-Anzeichen jedoch sehr plötzlich auftreten und Sie sie sich überhaupt nicht erklären können oder bei Ihnen ohnehin eine Aufnahmevermutung (Rattengift in der Nachbarschaft etc.) besteht, immer auch an eine Vergiftung denken!

Sofortmaßnahmen bei Vergiftungen

1. Den Hund (soweit ersichtlich) von der Giftquelle entfernen! Bedenken Sie die unterschiedlichen Aufnahmemöglichkeiten. Dieser Punkt mag Ihnen allzu selbstverständlich erscheinen, es sei aber erwähnt, daß es schon vorkam, daß eine Hundehalterin in Panik den Tierarzt anrief, während der Hund weiter vom Gift fraß.

2. Bei Erbrechen, vor allem bei zunehmender Bewußtseinstrübung: Atemwege freihalten.

3. Bei Atmungs-/ Herzstillstand: ABC der Reanimation

4. Allgemeine Schockmaßnahmen

5. Bei vermuteter Aufnahme des Giftes über das Maul: Versuchen Sie, den Hund zum Erbrechen zu bringen, mittels Eingabe von lauwarmem Salzwasser (3 Teelöffel Salz auf

1 Tasse Wasser), aber nur wenn der Hund bei vollem Bewußtsein ist, nur wenn er sich nicht zu stark dagegen wehrt (sonst besteht die Gefahr, daß er das Salzwasser in die Luftröhre bekommt), nur wenn es sich bei den Giften sicher nicht um stark reizende Chemikalien gehandelt hat (Säuren, Laugen etc.), sonst bringt die Maßnahme mehr Schaden als Nutzen!
Im Zweifelsfalle lassen Sie es lieber sein. Der Tierarzt hat schnellere und einfachere Möglichkeiten, den Hund zum Erbrechen zu bringen.

6. Bei vermuteter Aufnahme über die Luft: Hund schnellstens an die frische Luft bringen oder alle Fenster öffnen und gut durchlüften.

7. Bei vermuteter Aufnahme über die Haut / Pfoten: Hund mit klarem Wasser gründlich abwaschen (Badewanne / Dusche / Bach).

8. Schon beim Telefonat mit dem Tierarzt diesem Ihre Vermutungen mitteilen. Ist z.B. in Ihrem Häuserblock Rattengift ausgelegt worden? Wichtig ist auch der genaue Handelsname des Giftes oder der Wirkstoffname (Hausmeister anrufen). Der Tierarzt hat dann die Möglichkeit, sich auf diesen individuellen Vergiftungsfall vorzubereiten und ein Gegengift nachzuschlagen oder zu besorgen.

9. Falls möglich, sollten Sie eine Probe von dem Gift mit zum Tierarzt nehmen. Wenn Sie nicht wissen, ob etwas giftig war, nehmen Sie am besten die Verpackung mit zum Tierarztbesuch.

Vorbeugung

Die Vergiftungen, die beim Hund auftreten, sind meist durch Substanzen verursacht, die schon „von Haus aus" Gifte sind:
– Insekten-, Parasiten-, Unkrautvernichter
– Pflanzen- oder Holzschutzmittel
– Schnecken- und vor allem Ratten- und Mäusegifte

Diese Mittel müssen außerhalb der Reichweite von Hunden (wie auch von Kindern) aufbewahrt werden. Werden Sie benutzt, müssen Vorkehrungen getroffen werden, damit sich dort in der jeweiligen Zeit keine Hunde (Katzen / Kinder) aufhalten:
– Schilder aufhängen
– Nachbarn informieren
– Garten absperren

▶ **Info**

Der Tierarzt wird im Vergiftungsfalle folgende Schritte unternehmen:
1. Entfernen des Giftes aus dem Körper (Brechmittel, Förderung der Ausscheidung über den Darm / die Niere).
2. Unwirksam machen des Giftes durch Gegengift (Antidot).
3. Bekämpfung der Folgen der Vergiftung (Schocktherapie, künstliche Beatmung, Ruhigstellung etc.).

Pflanzenvergiftungen kommen bei Hunden so gut wie nie vor, die einzige Möglichkeit ist die Aufnahme von Blumenwasser (Maiglöckchen!), wenn das Tier sehr durstig ist.

Andere Vorsichtsmaßnahmen
– keine Arzneimittel vom Menschen beim Hund anwenden,
– bei Arzneimitteln für Ihren Hund unbedingt Dosierungsanweisungen beachten,
– Frostschutzmittel / Mennige nicht auflecken lassen,
– Tabletten (Schlaftabletten) nicht herumliegen lassen,
– Angelzeug nicht herumliegen lassen (Bleivergiftung, aber auch Angelhaken stellen eine Gefahr dar),
– kein verdorbenes Fleisch füttern,
– keine (gut gemeinten) Vitamin-Überdosierungen (Vitamin A und D),
– Hund nicht über frisch gespritzte Felder laufen lassen,
– Vorsicht in fremden Gärten (Rattengift, Schneckengift, Unkrautvernichter, gespritzte Pflanzen),
– Vorsicht bei Holzimprägnierung (Hundehütte, Zwinger),
– Vorsicht in (Tief-) Garagen, Weinkellern, Fabriken, Ziegeleien, Silos, Höhlen,
– Vorsicht in der Nähe von aluminium- oder bleiverarbeitender Industrie,
– Hartspiritus läßt sich leicht mit Würfelzucker verwechseln.

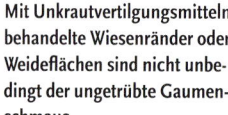

Mit Unkrautvertilgungsmitteln behandelte Wiesenränder oder Weideflächen sind nicht unbedingt der ungetrübte Gaumenschmaus.

Genauso wie es Zigtausende verschiedener Gifte gibt, so gibt es auch ebenso viele mögliche Folgen, je nachdem, welche krankhafte Reaktion durch das Gift im Organismus ausgelöst wird.

Durch eine Unterteilung der Folgen anhand der Organsysteme möchte ich aber einen Überblick über die wichtigsten Anzeichen und ihre Folgen (die oft in Kombinationen auftreten) darstellen:

1. Der Magen-Darm-Trakt: (Maul, Speiseröhre, Magen, Darm, Leber, Bauchspeicheldrüse)
   Hier kommt es am häufigsten zu Anzeichen, da der häufigste Aufnahmeweg der orale ist, so daß das Gift zunächst im Magen-Darm-Trakt wirkt
   a) Die Folge ist ein heftiger, oft blutig-wässriger Durchfall und (unstillbares) Erbrechen
   b) Die häufigste Verwechslung ist die akute Magen-Darm-Infektion
   c) Ursachenbeispiele: stark reizende Chemikalien, Rattengift, verdorbenes Futter.

2. Der Kreislauf (Herz, Blutgefäße, Blut):
   a) Folge: Blutdruckabfall, Herzrhythmusstörungen, Herzstillstand, Schock
   b) Häufigste Verwechslung: andere Schockursachen
   c) Ursachenbeispiele: Überdosierung von Herzmedikamenten, Blausäure

3. Der Atmungsapparat (Nase, Rachen, Luftröhre, Lunge, Brustkorb, Zwerchfell, Atmungsmuskulatur):
   a) Folge: schwere Atmungsstörungen, Erstickungsanfall, Atemstillstand
   b) Häufigste Verwechslung: akute Lungenerkrankungen (s. S. 80, Lungenödem)
   c) Ursachenbeispiel: Lähmung der Atmungsmuskulatur durch Überdosierung von Narkotika

4. Das ZNS = Zentrales Nervensystem (Gehirn und Rückenmark):
   a) Teilnahmslosigkeit, Bewußtlosigkeit, Koordinationsstörungen, Gleichgewichtsstörungen, Speicheln, Zittern, Augenzittern, Lähmungen, Schreckhaftigkeit;
   b) ZNS-Trauma (s. S. 38), ZNS-Infektion, Tumor, Schlaganfall;
   c) Antiparasitaria (Floh-/ Zeckenmittel etc.).

5. Der Bewegungsapparat (Knochen, Muskeln, Sehnen, Bänder, Gelenke, motorische Nerven):
   a) Krämpfe, Lähmungen, Zittern, Festliegen, Zucken;
   b) Epileptischer Anfall, ZNS-Erkrankung;
   c) Blei-Vergiftung.

6. Die Haut:
   Auch die Haut als größtes Organ kann Anzeichen einer Vergiftung äußern, wenn durch sie die Aufnahme erfolgte (wie bei Kontaktvergiftungen) oder auch durch die spätere (zumindest teilweise) Ausscheidung eines Giftes über die Haut.
   a) Rötung, Quaddelbildung (s. S. 70, Nesselfieber), Haarausfall, (nässende) Ekzeme an vielen Körperstellen.
   b) Allergien, äußerliche Parasiten, bakterielle Hautinfektionen.
   c) Thallium-Vergiftung.

Besonders gefährlich sind auch geruchsneutrale Putz- und Desinfektionsmittel.

▸ Blutvergiftung

Bei der Blutvergiftung wird das Blut durch Bakterien und deren Gifte „vergiftet". Dadurch können diese Bakterien und Gifte nahezu überall im Organismus Schäden anrichten, da alles mit Blut versorgt wird. So kommt es sehr schnell zum Tod, je nachdem, welche Menge und welche Art von Bakterien ins Blut dringt. Die Bakterien gelangen meist durch einen primären Krankheitsherd, an dem Bakterien beteiligt sind, in die Blutbahn. Vor allem Haut- (Biß-) Verletzungen, Abszesse, eiternde Operationswunden, Zahnwurzelinfektionen (nicht behandelte Karies und Parodontose), Gebärmutterentzündung, Prostataentzündung, Magen-Darm- und Harnwegsinfektionen sind oft als Ursachen zu nennen.

Bei 24 Stunden bis 2 Wochen alten Saugwelpen handelt es sich meist um kleinere Hautverletzungen, Nabelinfektionen, nicht antiseptisch kupierte Schwänze oder Ohren (in Deutschland ohnehin verboten) oder über die Muttermilch aufgenommene Keime.

Vor allem Welpen, die zuwenig Erstlingsmilch aufgenommen haben, sind betroffen. Es kommt sehr schnell zu hohem Fieber (> 40° C) und vielen Organschäden mit entsprechenden Anzeichen.

Maßnahmen
– schnell zum Tierarzt; dieser wird eine Antibiotika-Therapie anwenden
– bei sehr hohem Fieber (> 40,5° C) kalte Umschläge mit nassen Handtüchern machen
– bei Untertemperatur bei Welpen (< 38,5° C) Wärmelampe aufhängen oder in Decke einwickeln oder Wärmeflasche
– allgemeine Schockmaßnahmen
– bei Herz- oder Atmungsstillstand: ABC der Reanimation
– bei Welpen 2 ml dünnen Bohnenkaffee eingeben

Vorbeugung
– jede kleinste Wunde sorgfältig desinfizieren
(s. S. 25 Wunden und Verbände).

▸ Anzeichen

☐ plötzliches oder langandauerndes oder intermittierendes (wiederkehrendes) Fieber,

☐ schwere Störung des allgemeinen Befindens (Depression, Appetitlosigkeit)

☐ Schockanzeichen

☐ Durchfall (und Erbrechen),

☐ Atembeschwerden,

☐ „verwaschene" oder teilweise blutunterlaufene oder bläuliche Schleimhäute,

☐ bei Saugwelpen zusätzlich: gespannter, dicker Bauch, Wimmern, Temperaturabfall.

▸ Verwechslung

Fast alle viralen und die meisten bakteriellen Infektionen und andere Ursachen (besonders Gifte) erzeugen Fieber und je nach befallenem Organsystem entsprechende Anzeichen. Die Unterscheidung kann nur der Tierarzt treffen. Gespannter, dicker Bauch und Saugunlust bei Welpen kann auch auf Wurmbefall hindeuten.

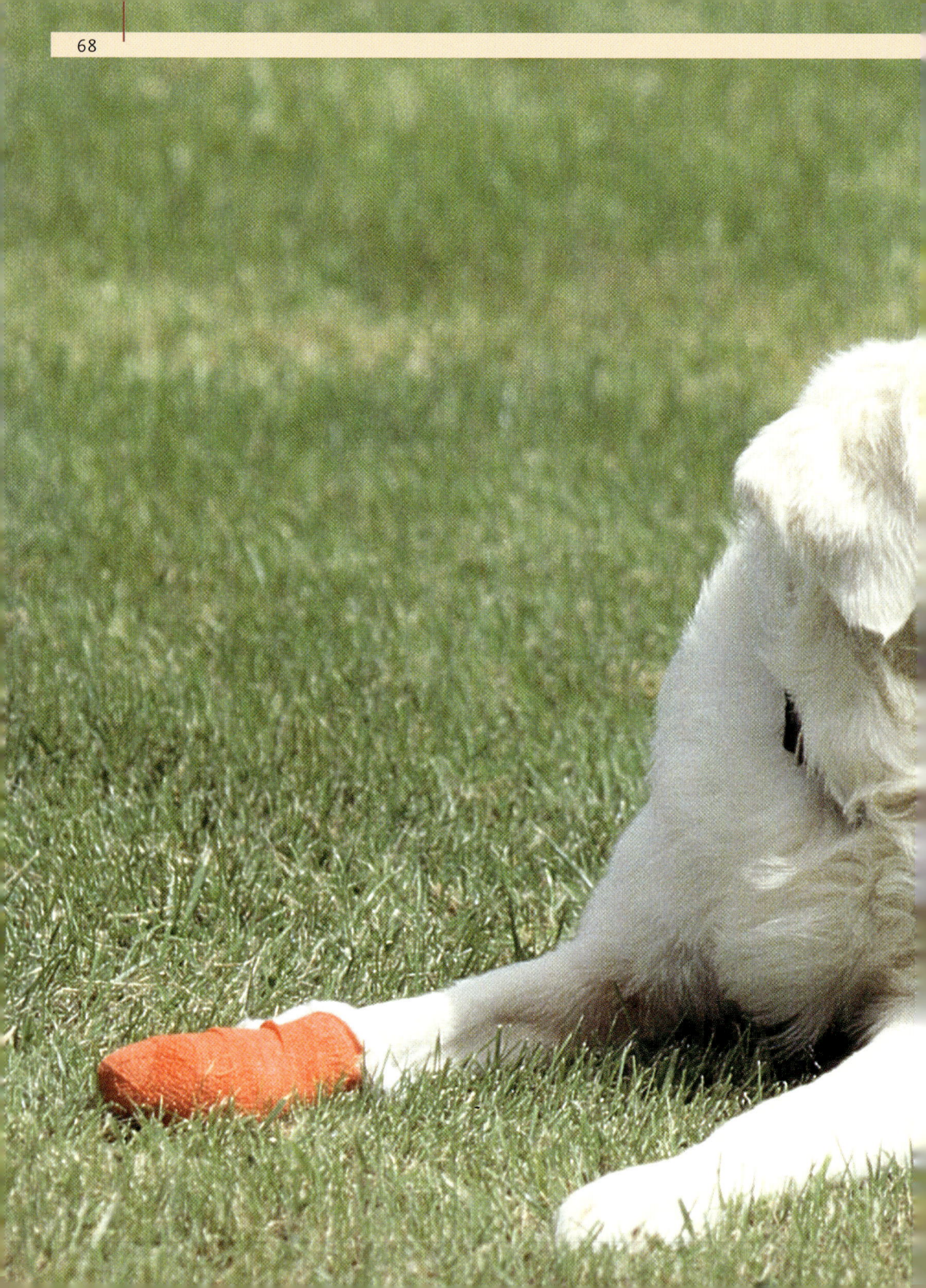

Notfallsituationen einzelner Organsysteme

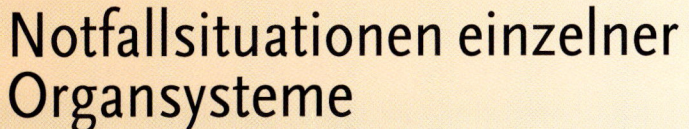

Notfallsituationen einzelner Organsysteme

☐ plötzlich auftretende pfennig- bis fünfmarkstückgroße oder noch größere teigige Quaddeln, über ganze Körperteile bzw. den ganzen Körper verteilt (bei langhaarigen Hunderassen nicht leicht zu erkennen! Man muß die Haut unter dem Fell genau begutachten.)

☐ starker Juckreiz

☐ Fieber

☐ Schockanzeichen (s. S. 53)

▶ Verwechslung

Eine Flohstich-Allergie äußert sich ähnlich (ist sogar unter Umständen eine Urtikaria), die Stiche befinden sich vor allem im Bauch- und Zwischenschenkelbereich.

▶ Haut - oder Nesselfieber

Das Nesselfieber oder die Nesselsucht (med. Urtikaria) ist eine Reaktion der Haut auf Allergene oder Gifte. Der Name rührt vom Menschen und seiner Reaktion auf Brennesseln her, die beim Hund nicht vorkommt. Zu Fieber als Begleiterscheinung kommt es eher selten. Das Agens (Allergen / Gift) führt in der Haut zu einer massiven Erhöhung der Durchlässigkeit kleinster Blutgefäße für Flüssigkeit. Dies hat normalerweise den Sinn, viele Abwehrstoffe an den Ort des Geschehens, beispielsweise einer Infektion, zu transportieren. Bei dieser überschießenden Reaktion kommt es durch den erhöhten Flüssigkeitsgehalt des Gewebes zu der typischen (oft teigigen) Quaddel unter der Haut (Unterhautödem), wie beispielsweise nach einem Wespenstich. Handelt es sich beim Agens um ein Allergen, so kann dies durch Kontakt (Hund: chemische Substanzen / Medikamente und vor allem verschiedene Flohmittel), durch Injektion (Insektenstiche, Flohstiche, Medikamente) oder alimentär, d.h. über Futtermittel (meist Eiweiße im Fertigfutter), in den Körper bzw. die Haut gelangt sein. Diese Allergie gehört zur Allergieform des Soforttyps.

Die Flüssigkeit in den unter Umständen massenhaft auftretenden Quaddeln geht dem Blut und somit dem Kreislauf verloren, so daß es sogar zum hypovolämischen (und vielleicht zusätzlich anaphylaktischen) Schock kommen kann (s. S. 53 Schock).

Die beschriebenen Quaddeln können durch selbige Ursachen auch an den Augenlidern, den Ohren und Lippen vorkommen (Angio- oder Quincke-Ödem).

Maßnahmen

- feucht-kalte Umschläge mit essigsaurer Tonerde oder einer Scheibe roher Zwiebel oder Obstessig 5 %;
- bei Insektenstichen (siehe S. 72 Stiche und Bisse) auch Cold-Packs (s. S. 29 Blutungen stillen) und Antihistaminika-Gele;
- unter Umständen Schockmaßnahmen (auf Kreislauf, Herzschlag, Puls und Schleimhäute achten);
- schnell zum Tierarzt.

siehe S. 72; s. S. 29

TIP

*Was brauche ich:
Essigsaure Tonerde ist
eine Heilerde, die im
Reformhaus erhältlich
ist.*

Auch Hunde können auf viele Pflanzen allergische Reaktionen zeigen.

▶ Bisse und Stiche

HUNDE- UND KATZENBISSE ▶ Diese sind durch oft nur nadelspitzgroße Einstiche der Fangzähne, sehr schwer zu erkennen und heilen zunächst scheinbar problemlos zu. Unter den Krüstchen entwickelt sich leicht eine gefährliche Wundinfektion, da die Keime aus der Maulhöhle unter Luftausschluß (im Gewebe unter der Haut) prima leben können. Es entsteht eine Unterhautphlegmone oder ein Abszeß mit schweren Allgemeinstörungen, unter Umständen sogar bis hin zur Blutvergiftung.

Maßnahmen

Gute Wundversorgung (s. S. 25 Wunden und Verbände) und besser in jedem Fall vorsorglich eine Antibiotika-Therapie durch den Tierarzt. Bei Organverletzungen durch Biß, schlagen Sie bitte in dem dem Organ entsprechenden Kapitel nach.

SCHLANGENBISSE ▶ In unseren Breitengraden ist die Kreuzotter die einzige Schlange, die durch ihren Biß Hund oder Mensch gefährlich werden kann (vor allem anzutreffen in sumpfigen Wiesen oder Wäldern). Für andere (giftigere) Schlangenarten gilt grundsätzlich dasselbe. Vom Biß betroffen sind meistens die Beine. Man erkennt den Schlangenbiß (der allerdings nicht leicht zu erkennen ist) an zwei winzigen, schlitzförmigen, parallelen Einstichen. Es kommt an dieser Stelle zu starken Schwellungen. Schock und Atemlähmung durch das Gift können nach Stunden bis Tagen die Folge sein.

Maßnahmen

Die Bißstelle mit dem Mund gut aussaugen und das betroffene Bein oberhalb der Bißstelle abbinden (max. 2 Stunden! s. S. 29 Blutungen stillen). Der Tierarzt muß ein Antiserum geben und unter Umständen den Schock behandeln.

ZECKENBISSE ▶ Zecken lauern dem Hund in Hecken und im Unterholz des Waldes oder Gartens auf. Sie beißen sich meist dort fest, wo die Haut dünn oder warm ist (Zwischenschenkel-, Hals- oder Nackenbereich), oft auch an allen anderen Körperstellen (sogar auf der Zunge). Durch den Speichel kommt es örtlich zu Entzündungen, bei Allergie-Reaktion auch zu starken Schwellungen. Weibliche Zecken können kurzzeitig im großflächigen Bereich der Bißstelle Lähmungen der Musku-

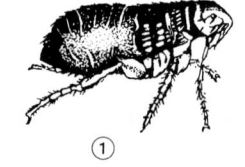

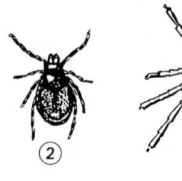

Flöhe und Zecken

1 Floh
2 Zeckenmännchen
3 Zeckenweibchen

Vor allem in südlichen Ländern können auch **Schlangen** dem neugierig stöbernden und unerfahrenen Hund gefährlich werden.

latur auslösen, außerdem können alle Zecken für den Hund lebensgefährliche Krankheiten übertragen.

Maßnahmen

– Zecke mit Pinzette oder Zeckenzange am Kopf fassen und herausdrehen (wie eine Schraube), keine Vorbehandlung (z. B. mit Ölen),
– Bißstelle desinfizieren und mit Wundsalbe behandeln,
– bei Lähmungen (Gesicht, Beine, Atemmuskulatur) den Tierarzt aufsuchen,
– einige Tage Allgemeinbefinden kontrollieren (s. S. 12).

Vorbeugung

– Die sich im Handel befindlichen „Anti-Zecken-Mittel" (Hals-

bänder etc.) sind von ihrer Wirkung her als sehr fraglich zu beurteilen. Fragen Sie Ihren Tierarzt um Rat.
– Untersuchen Sie das Fell Ihres Hundes in der warmen Jahreszeit täglich auf Zecken.

INSEKTENSTICHE ▶ Durch die Allergen-Wirkung vieler Insektengifte (Biene, Wespe, Hornisse) oder deren Speichel (Mücke, Bremse) kommt es am Einstich-, Einbiß-Ort schnell zu starken Schwellungen (Ödem) und Schmerz (evtl. können Sie einen plötzlichen Aufschrei des Hundes beobachten und heftiges Belecken einer Körperstelle bzw. Kratzen).

Sind die Stiche sehr zahlreich, kann es durch die Flüssigkeitsverlagerung vom Blut in die Schwellungen oder durch die Giftwirkung selbst auch zum Schock kommen (s. S. 68 Nesselfieber).

Bei Stichen innen im Maul / Rachen (z.B. Wespe im Freßnapf) oder außen im Halsbereich droht wegen der Schwellung (besonders stark bei Schleimhäuten) Erstickungsgefahr!

Maßnahmen

– Schwellung mit Auflegen von Cold-Packs (s. S. 30 Blutungen stillen) und / oder feucht-kalten Umschlägen mit Essigsaurer Tonerde stoppen,
– weiterhin kann auch Essigwasser oder Salmiak-Geist oder eine rohe Zwiebelscheibe genommen werden (nicht in Maul-, Nasen-, Augenregion),
– Antihistaminika-Gel auftragen,
– Hund am ständigen Belecken hindern (kann zu Ekzem führen), indem Sie ihm T-Shirt, Halskragen oder einen Strumpf anziehen.

Bei Stich ins Maul oder die Halsregion mit Erstickungsgefahr:

– schnellstens zum Tierarzt (Corticoid-Therapie),
– Hals / Maul von außen mit Cold-Packs behandeln, wenn dies vom Hund geduldet wird (kein Streß!),
– frische Luft, soviel wie möglich (Fenster auf, Luft zufächeln),
– kaltes Wasser trinken lassen,
– Hund in Lage / Körperhaltung lassen, die er selbst einnimmt,
– Hund beruhigen (s. S. 16 Verhalten gegenüber kranken und verletzten Hunden).

► Augen

DER GRÜNE STAR ► Der grüne Star (med. Glaukom) bezeichnet einen Zustand des Auges, nämlich einen erhöhten Augeninnendruck. Dieser kann primär durch reduzierte Abflußmöglichkeit des Augenkammerwassers, Durchblutungsstörungen oder hormonelle Störungen oder sekundär durch alle möglichen Augenerkrankungen (beispielsweise Entzündung der Augengefäßhaut) zustande kommen. Besonders bei folgenden Rassen kommt das Glaukom vor: Cocker-Spaniel, Pudel, Beagle, Basset, Yorkshire-Terrier.

Der erhöhte Augeninnendruck führt zunehmend durch Schädigung der Netzhaut (Ablösung) zur Erblindung des betroffenen Auges.

Maßnahmen

Es sind für Sie keine Maßnahmen möglich. Die Behandlung muß dem Tierarzt überlassen werden. Sie muß schnell beginnen.

AUGENVERÄTZUNGEN ► Verätzungen der Hornhaut des Auges können durch Säuren (Essigsäure, Salzsäure, Schwefelsäure) oder noch schlimmer durch Laugen (vor allem Putzmittel) geschehen. Die Chemikalien müssen dringend vom Tierarzt neutralisiert werden, und das Auge muß antibiotisch geschützt werden.

Maßnahmen

– Spülen des Auges mit physiologischer Kochsalzlösung (oder klarem Wasser) bis zur tierärztlichen Therapie (drauftäufeln);
– den Hund am Augenkratzen hindern!

VORFALL DES AUGAPFELS ► Der gesamte Augapfel kann sich durch folgende Ursachen vorverlagern oder gar ganz vorfallen (Bulbusvorfall): Entzündungen oder Blutungen (Unfall) oder Tumoren in der Augenhöhle sowie Vergrößerungen des Auges selbst (wie Glaukom, s.o.). Bei rassebedingten „Kurzköpfen" ist die Augenhöhle so flach, daß bei geringem Druck auf die Augenwinkel, Schlägen auf den Hinterkopf oder zu grobes Festhalten im Nackenbereich das Auge vorfallen kann (Vorsicht bei Pekinesen, Möpsen, Cavalier King Charles Spaniels etc.).

Maßnahmen

Feuchthalten des Augapfels mit sterilen Gaze-Tupfern und physiologischer Kochsalzlösung und schnellstens zum Tierarzt.

► Anzeichen

- Auge schwillt an und wölbt sich vor,
- starke Füllung der Bindehautgefäße,
- Lichtscheue,
- schlechtes Sehen auf betroffener Seite,
- Trübung des Auges,
- gestörtes Allgemeinbefinden,
- Schmerzäußerungen,
- auffälliges Herumwandern,
- vermehrte Aggressivität.

▸ Verwechslung

Die Anzeichen der Mittel- und Innenohrentzündung können auch Anzeichen von vielen anderen Nerven- und Hirnerkrankungen sein; bei der Ohrentzündung findet man meist zusätzlich die Anzeichen im Ohr.

▸ Ohren

ENTZÜNDUNGEN DES GEHÖRGANGES ▸ An einer Entzündung des äußeren und / oder inneren Gehörganges sind fast immer viele Faktoren beteiligt. Rassen mit Hängeohren (schlechtere Belüftung), ausgeprägtem Haarwuchs im Ohr (beispielsweise Pudel), vielen dicken Falten im Ohr (beispielsweis englische Bulldogge) sind durch das für Keime günstige feucht-warme Mikroklima im Ohr anfälliger. Weiterhin tragen Nässe (Schwimmen), Fremdkörper (Grannen) und (Biß-)Wunden zur Entstehung bei. Es handelt sich meist um Mischinfektionen aus Bakterien und Pilzen sowie häufig um Ohrmilbenbefall (harte, schwarze Krusten und Krümel im Ohr).

Die Infektion / Entzündung kann immer tiefer absteigen (Mittelohr / Innenohr), so daß Taubheit und Gehirnnervenschädigungen sowie bei der Innenohrentzündung schließlich sogar die Gehirnschädigung selbst eine Folge sein kann. Auch das Blutohr (s.u.) ist häufig Folge einer Gehörgangsentzündung.

Anzeichen

☐ Äußeres Ohr:
- Kopfschütteln
- Kratzen am Ohr
- stinkendes Ohr
- innen gerötetes Ohr
- braune, schwarze, eitrige oder krustöse Beläge im Ohr, evtl. Blutohr

☐ Mittelohr (zusätzlich):
- Kopf schief halten
- Schmerz bei Drücken auf Ohrgrund
- evtl. halbseitige Gesichtslähmung
- evtl. Vorfall des dritten Augenlides (= Nickhaut)
- evtl. Fieber
- evtl. Schwerhörigkeit / Taubheit auf einer Seite

☐ Innenohr (zusätzlich):
- Gleichgewichtsstörungen
- evtl. ständiges Umfallen auf eine Seite
- Bewußtseinstrübung
- unter Umständen Fieber

Maßnahmen

- Am ständigen Schütteln hindern,
- Ohr nur vom Tierarzt behandeln und säubern lassen!

BLUTOHR ▸ Ein sogenanntes „Blutohr" entsteht durch einen Bluterguß im Ohrlappen / in der Ohrmuschel, wenn dort ein Blutgefäß geplatzt ist. Innerhalb des Ohrlappens fließt jetzt so lange Blut nach, bis der Druck in diesem „Blutballon" gleich dem Blutdruck ist. Dann steht die Blutung, und das Blut gerinnt nach und nach. Unbehandelt bleibt ein verdicktes und verformtes Ohr lebenslang zurück. Das Blutohr (med. Othämatom) ist allerdings keine lebensgefährliche Erkrankung, obwohl es durch seine Größe (bis faustgroß) und die Vehemenz seiner Entstehung den Eindruck erwecken könnte (manchmal entsteht es innerhalb von wenigen Stunden). Zum Platzen eines solchen Gefäßes kommt es durch Schlagen mit dem Ohr an harte Gegenstände (beispielsweise beim Schütteln) oder durch das evtl. ständige Schütteln oder Kratzen allein (durch starken Juckreiz).

Verwechslung

Ein Abszeß kann einen solchen Zustand vortäuschen, ist aber meist schmerzhafter.

Maßnahmen

– Cold-Packs (s. S. 29 Blutungen stillen),
– zum Tierarzt.

Der Tierarzt entleert das Blutohr und preßt die Wände der Ohrmuschel / des Ohrlappens durch verschiedene Techniken (Nähte, Plastiken etc.) operativ zusammen, so daß es nicht mehr vollaufen kann.

Anzeichen

☐ Anschwellen des Ohres, von einem bestimmten Punkt ausgehend, manchmal bis auf Faustgröße

☐ warmes Ohr

☐ Flüssigkeit (Blut) kann man fühlen (fest/ elastisch bei Druck)

☐ keine große Schmerzhaftigkeit

☐ evtl. starker Juckreiz (Schütteln / Kratzen)

TIP

Vorbeugung:
– *Ohren regelmäßig auf Fremdkörper / vermehrte Feuchtigkeit oder Geruch kontrollieren,*
– *Ohren nur ganz außen säubern, nicht mit Wattestäbchen in Ohren bohren, denn man schiebt so den „Dreck" nur noch weiter nach unten,*
– *Juckreiz, Schütteln, Kratzen gleich sorgfältig und konsequent untersuchen und behandeln lassen.*

Hunde mit Schlappohren neigen eher zum Blutohr als Hunde mit Stehohren.

▶ **Fremdkörper in den Atemwegen**

Die Atemwege bestehen aus Nasenöffnung, Nasenhöhlen, Maul, Maulhöhle, Kehlkopf, Luftröhre, Bronchien, Bronchiolen und Alveolen, die letzteren drei gehören schon zur Lunge. Die Wege fächern sich auf wie ein Baumgeäst und werden im Durchmesser immer enger, d.h., je kleiner ein Fremdkörper ist, desto tiefer kann er eingeatmet werden. Spitze Fremdkörper können aber auch schon weiter „oben" steckenbleiben, häufig schon in der Zunge, im Gaumensegel oder im Kehlkopf. Durch die folgende heftige Schwellung kommt es zur Erstickungsgefahr. Die folgenden Dinge finden sich am häufigsten als Fremdkörper in den Atemwegen wieder: Grashalme, Getreideähren (-stücke), Grannen, Koniferennadeln, fehlgeschluckte Holz- und Knochensplitter, Fischgräten, Metallteile, falsches „Spielzeug", Nadeln, Nägel, Angelhaken. Jagdhunde, die oft stöbern, sind häufig durch die oben genannten Pflanzenteile betroffen.

Es kommt schnell zur hochgradigen Atemstörung bis hin

▶ Anzeichen

☐ plötzliches, starkes, häufiges Niesen

☐ blutig-eitriger, einseitiger Nasenausfluß (diese beiden erstgenannten bei Fremdkörpern in der Nase)

☐ plötzliches, starkes, häufiges Husten und Würgen

☐ Atmen erschwert mit Reibegeräuschen

☐ Schluckbeschwerden

☐ Fieber

☐ stark geschwollener Gaumen- / Kehlkopfbereich

☐ bläuliche Schleimhäute und / oder Zunge

☐ Erstickungsanfall (s. S. 47 Zwerchfellriß oder S. 80 Kollaps der Luftröhre)

☐ nach Tagen Husten mit eitrigem Auswurf.

zum Erstickungsanfall, oder bleibt unbemerkt, und es kommt
1 bis 3 Tage später zu einer eitrigen Entzündung.

Maßnahmen

– Maul öffnen (mittels Mullbinden oder Beißholz) und vor-
  sichtig die Zunge vorziehen. Tief in den Rachen schauen.
  Falls Fremdkörper sichtbar: Versuch, ihn mit Fingern oder
  Pinzette zu entfernen.
– Falls manuelle Entfernung nicht möglich, Hund an den Hin-
  terbeinen vorsichtig kopfüber hochheben und schütteln.
– In Maßen kaltes Wasser trinken lassen.
– Frische Luft und kein Streß (s. S. 16 Verhalten gegenüber...).
– Auch wenn Fremdkörper entfernt werden konnte:
  Sofort zum Tierarzt (Schwellung kann zur Erstickungsge-
  fahr führen; Antibiotika-Therapie unter Umständen not-
  wendig).
– Bei Atem- / Herzstillstand: ABC der Reanimation,
  S. 114.

▶ **Verwechslung**

Infektion der oberen Luftwege,
Verletzung der Atemwege,
Kollaps der Luftröhre,
Lungenödem / Emphysem.
Auch heiße Gase, ständiges
Bellen (Tierheim), Schnee-
fressen, Verätzungen, zu enge
Halsbänder, ständiger Zug an
der Leine und Insektenstiche
können Schwellungen im
Kehlkopf- und Mandelbereich
auslösen.

Achten Sie darauf, ob
Ihr Hund nur mit dem
Stöckchen spielt oder
ob er Teile davon ver-
schluckt!

Anzeichen

Röcheln bis hin zum Erstickungsanfall bei Aufregung oder Anstrengung,

bläuliche Schleimhäute und / oder Zunge,

starke Probleme beim Einatmen („Ziehen").

▶ Kollaps der Luftröhre

Dieser Notfall betrifft fast ausschließlich Zwerghunderassen und hier vor allem Yorkshire-Terrier, Toy-Pudel und Chihuahuas. Es handelt sich hierbei um einen Kollaps des Knorpel- und Bindegewebes der Luftröhre, so daß diese bei der Atmung in sich zusammenfällt und damit verschlossen ist. Die Ursache ist eine Schwäche des Bindegewebes, die das Gerüst der Luftröhre bilden. Zu diesem Zustand kommt es meist erst im fortgeschrittenen Lebensalter. Es handelt sich jedoch um ein Endstadium einer fortschreitenden Luftröhrenschwäche, welche schon früh erkannt und behandelt werden kann!

Zunächst kommt es „nur" zu Husten- und Röchelanfällen bei jeglicher Aufregung (Begrüßung, vor dem Spazierengehen, aufgeregtes Bellen etc.), bei Anstrengung (Spielen, Laufen, Treppensteigen) und oft beim Einatmen kalter Luft. Dies sind bei oben genannten Rassen Warnsignale, die den Besitzer veranlassen sollten, den Tierarzt aufzusuchen und die Erkrankung mittels einer Röntgenaufnahme auszuschließen.

Erstickungsanfall
– gestreckter Kopf und Hals zum Boden hin
– heftiges Würgen und Röcheln
– breite Beinstellung, Ellenbogen nach außen gestreckt
– Bauchpresse beim Ausatmen und / oder schweres „Ziehen" beim Einatmen
– bläuliche Schleimhäute und / oder Zunge
– Schwäche bis hin zur Bewußtlosigkeit
– Hunde sitzen oder stehen (nicht hinlegen!)

Maßnahmen
– kein Streß! (siehe unbedingt S. 16 Verhalten gegenüber kranken...)
– möglichst viel frische Luft (Fenster auf, Luft zufächeln, beispielsweise mit Ventilator)
– keine körperliche Belastung (Hund tragen!)
– Hund in Körperlage / Stellung belassen, die er selbst einnimmt!
– bei Atem- / Herzstillstand: ABC der Reanimation
– schnell zum Tierarzt

▶ Verwechslung

Fremdkörper beispielsweise in den Atemwegen, Infektion der Atemwege, Insektenstich im Maul, Herzschwäche, Lungenödem / Emphysem; wichtig sind die im Text genannten Rassen.

▶ **Akutes Lungenödem**

Ein Ödem bedeutet immer Flüssigkeitsansammlung im Gewebe, in der Lunge also im Lungengewebe oder in den „Luftwe-
gen", den Alveolen. Die Flüssigkeit stellt für die Atmung und
für die Durchblutung der Lunge ein schweres Hindernis dar.
Entweder durch eine vermehrte Durchlässigkeit kleinster Blutgefäße (Bakterientoxine bei Lungeninfektionen, Gifte, oder
durch einen massiv erhöhten Blutdruck, (durch zu schnelle Infusion, nach Schädeltrauma oder durch Blutstau in der Lunge
bei Herzschwäche!) kommt es ebenfalls zu diesen Flüssigkeits-

TIP

*Atembeschwerden, ver-
minderte Leistungs-
fähigkeit und / oder
nächtliche Unruhe
und / oder „ab und
zu" husten nicht
untherapiert lassen!*

▶ Anzeichen für akutes, schweres Lungenödem

☐ schwere Atmungstörungen (vor allem beim
Einatmen: „Ziehen")

☐ Erstickungsanfall (s. „Kollaps der Luftröhre")

☐ Ausatmen mit Bauchpresse

☐ bläuliche Schleimhäute und / oder Zunge

☐ starker Husten (unter Umständen rasselnd)

☐ rasselnde Geräusche beim Atmen; hörbar, wenn
man ein Ohr (oder Stethoskop) an den Brustkorb
legt

☐ Angstzustände (z.B. ständiges Hin- und Her-
rennen)

☐ nicht hinlegen wollen

☐ zusätzlich Herz-Kreislauf-Anzeichen
(s. „Herzversagen" bzw. „Schock")

☐ rosaroter Schaum oder Flüssigkeit aus Mund und /
oder Nase (beim Hochheben des Hinterkörpers)

☐ vorher Lungenerkrankung und / oder Herzpatient
oder Unfall mit Schädeltrauma.

ansammlungen. Das akute, lebensbedrohliche Lungenödem kann sich als Endstadium aus chronischen Atemwegsinfektionen oder chronischer Herzinsuffizienz entwickeln.

▶ **Verwechslung**

Vor allem mit der akuten infektiösen Lungenentzündung, die allerdings meist mit Fieber einhergeht.

Maßnahmen

- möglichst viel frische Luft
- kein Streß
- Hund möglichst nicht auf die Seite oder gar auf den Rücken legen
- schnellstens zum Tierarzt (auch der Tierarzt soll bei typischer Symptomatik keine Röntgen-Aufnahme des Hundes in Seiten- oder Rückenlage machen)
- evtl. Entfernen des Schaums / der Flüssigkeit aus Maul- und Nasenbereich mit einem Schwamm, wenn sich der Hund dabei nicht zu sehr aufregt
- bei massivem Schaumaustritt aus Maul und Nase mit Blumenspritze 20%ige Alkohol-Wasser-Lösung (falls vorhanden) ins Maul sprühen (nur einmal zerstäubend)
- auf Atmung und Herzschlag achten
- bei Atem- / Herzstillstand: ABC der Reanimation

Ein lebhaft blickender, gesunder Hund! Beachten Sie die ersten Anzeichen möglicher Störungen des Allgemeinbefindens, so treffen Sie die beste Vorsorge.

▶ **Akutes Herzversagen**

Das akute Herzversagen ist, wie auch der Schock oder das Lungenödem, keine Krankheit, sondern ein lebensgefährlicher Zustand aufgrund von vielen verschiedenen Ursachen (Krankheiten). Dies können Ursachen sein, die „vom Blut ausgehen" bzw. der Versorgung des Herzens als Muskel: Blutarmut, Schock, Stoffwechselerkrankungen, Elektrolyt-Störungen (Calcium-, Magnesium-Mangel etc.), Vergiftungen.

Die Ursachen können an der innersten Schicht des Herzens wirken, wie die Endocarditis: Eine Infektion des Endokards oder der Herzklappen durch Bakterien, die durch irgendeinen Krankheitsherd im Körper mit dem Blut ins Herz geschwemmt wurden (beispielsweise Zahnwurzelinfektion, Abszesse!).

Die Endocardose: Ablagerung von verschiedenen Stoffen im Herz durch Alter oder Veranlagung.

Des weiteren gibt es Parasiten im Herzinnern: Herzwürmer (*Dirofilaria immitris*).

Aber auch der Herzmuskel kann erkrankt sein: Myocarditis = Entzündung des Herzmuskels (beispielsweise bei Katzenseuche) oder seiner Nerven (durch Ablagerungen oder Vernarbungen), was dann zu Rhythmusstörungen verschiedenster Art und Weise führt.

Herzmuskelhypertrophie = übermäßige Größe des Herzmuskels durch Überbeanspruchung, beispielsweise infolge chronischer Herzkrankheiten, vor allem der Herzklappen. Durch die Schichtdicke des Muskels kann dieser nicht mehr ausreichend mit Nährstoffen versorgt werden. Daraus resultiert dann die Dilatation (Erweiterung) des Herzens, da der Muskel nicht mehr ausreichend dagegen arbeiten kann; selten auch der Herzinfarkt (s. S. 85 Gefäßverschluß).

Schließlich kann das Herz auch noch „von außen" erkranken: Pericarditis = Infektion der äußersten Schicht des Herzens durch über das Blut „eingeschleppte" Keime oder Verletzung von außen.

Herztamponde = starker Druck auf das gesamte Herz dadurch, daß sich der Herzbeutel, in den das Herz eingelagert ist, prall mit Blut füllt (beispielsweise bei spitzen oder stumpfen Traumata, s. S. 36 Polytrauma).

Das akute Herzversagen kann sich also aus einer chronischen Erkrankung (meistens Herzerkrankung) entwickeln oder auch plötzlich entstehen.

Es kommt zunächst zu massiven Kreislaufanzeichen und

Anzeichen

- ☐ schneller Puls bzw. Herzschlag
- ☐ evtl. Rhythmusstörungen
- ☐ Schwäche
- ☐ blasse bis weißliche oder gar bläuliche Schleimhäute
- ☐ hochgradige Atembeschwerden bis hin zum Erstickungsanfall
- ☐ Hustenanfälle (rasselnd)
- ☐ Umkippen und Festliegen
- ☐ Fieber (bei Herzinfektionen)
- ☐ andere Schockanzeichen
- ☐ andere Anzeichen des Lungenödems
- ☐ vermehrter Bauchumfang oder „Hängebauch"

► TIP

Niemals plötzlich eine Herztherapie (-medikamente) absetzen. Medikamente immer auf Vorrat haben. Leistungsminderung, Schwäche, Husten und nächtliche Unruhe können Anzeichen für eine Herzschwäche sein. Daher nicht untherapiert lassen.

► Verwechslung

Die Anzeichen entsprechen vor allem weitgehend denen des Schocks und des akuten Lungenödems, so daß auch deren jeweilige Ursachen in Frage kommen (s. S. 53; 81). Für die zu treffenden Maßnahmen ist dies allerdings unerheblich.

zum Schock. Durch die geschwächte Herzleistung staut sich Blut in die vorgeschalteten Organe, d.h., dort entsteht ein so hoher Blutdruck, daß Flüssigkeit aus dem Blut in diese Organe „abgepreßt" wird. So kommt es schnell zu einer „Wasserlunge" (s. auch „Lungenödem") und / oder zur „Bauchwassersucht" (med. Aszites), der Ansammlung von Flüssigkeit in der Bauchhöhle. Das Lungenödem kompliziert die ohnehin schon bedrohliche Gesamtsituation des Organismus noch erheblich.

Oft kommt es bei oder nach (starker) körperlicher Belastung (Spiel, Ausbildung, Jagd etc.) und / oder feucht-warmem Wetter (-Umschwung) zum akuten Zustand.

Maßnahmen

– kein Streß
– keine Hitze (aus der Sonne nehmen, Fenster auf)
– frische Luft (Fenster auf, Ventilator an etc.)
– wenn der Hund nur schwer selber laufen kann, tragen Sie ihn
– bei Atembeschwerden nicht hinlegen, sondern ihn in der Körperlage lassen, die er selbst einnimmt
– Atmung und Herztätigkeit überwachen
– bei Atem- / Herzstillstand: ABC der Reanimation
– sonstige Schock- / Lungenödem-Maßnahmen.

Gefäßverschlüsse

Blutgefäße können durch echte Blutgerinnsel (med. Thromben) oder Fett bei Knochenbrüchen oder durch andere Ablagerungen (Arteriosklerose, Amyloid-Ablagerungen, Bakterien etc.,) sowie durch Parasiten (abgeschwemmte Herzwürmer) ganz oder teilweise „verstopft" werden. Meistens handelt es sich um eine Kombination aus oben genannten Ursachen. Teile eines Gerinnsels, das nicht unbedingt Beschwerden verursacht, können sich lösen und werden mit dem Blut weitergeschwemmt. Da sich die Blutgefäße aufgabeln wie das Geäst eines Baumes (Arterien – Arteriolen – Kapillaren), werden die Durchmesser der Gefäße immer kleiner, so daß diese Thrombus-Teile schließlich steckenbleiben (Embolie).

Die nachgeschalteten Organe, Organteile oder Gewebe werden dann nur noch schlecht oder gar nicht mehr mit Sauerstoff versorgt (Infarkt) und sterben mehr oder weniger schnell, je nach Gewebeart, ab (Nekrose). Grundsätzlich kann jedes Blutgefäß betroffen sein. Beim Hund ist dies meist die Aorta an ihrer Aufzweigung zur Versorgung der hinteren Körperabschnitte, Darm-, Nieren-, Hirn-, Lungen- oder Herzgefäße (jeweilige Infarkte).

Maßnahmen

– Kalte Körperteile warmhalten (Decke, Jacke etc.)
– vorsichtig massieren,
– bei Hirninfarkt ständiges Umfallen verhindern (könnte zu zusätzlichen Verletzungen führen),
– allgemeine Schockmaßnahmen (s. S. 53),
– bei Atem- / Herzstillstand: ABC der Reanimation (s. S. 114),
– bei Herzinfarkt: s. S. 83 Akutes Herzversagen
– bei Lungeninfarkt: s. S. 80 Kollaps der Luftröhre,
– bei Niereninfarkt: s. S. 97 Akutes Nierenversagen (Herz-, Lungen- und Niereninfarkt treten selten auf),
– schnell zum Tierarzt

Anzeichen

☐ starke Schmerzhaftigkeit der betroffenen Körperabschnitte (Hinterbeine!)

☐ und / oder Gefühllosigkeit, Pulslosigkeit, Kühle der betroffenen Körperabschnitte (Hinterbeine);

☐ Schockanzeichen

☐ zusätzlich bei jeweiligen Organausfällen:
Hirninfarkt (Schlaganfall)
Gleichgewichtsstörungen
Teilnahmslosigkeit
Kopfschiefhaltung
Taubheit oder Blindheit
Gesichtslähmung (ein- oder beidseitig), diese äußert sich in herabhängender Haut, Lefze und Augenlidern, Vorfall des dritten Augenlides, Herabhängen des jeweiligen Ohres und einseitigem Heraushängen der Zunge

☐ Lungeninfarkt (Embolie): Atemstörungen bis hin zum Erstickungsanfall

☐ Herzinfarkt: akutes Herzversagen

☐ Niereninfarkt: akutes Nierenversagen

Anzeichen

- hohe Atemfrequenz, starkes Hecheln

- hohe Herzfrequenz

- schwacher Puls

- blasse oder bläuliche Schleimhäute

- Schwäche, Taumeln

- schließlich Festliegen, d.h. nicht mehr aufstehen können

- erhöhte Körpertemperatur bis zu 42° C

- Bewußtlosigkeit

▶ Hitzschlag

Der Körper des Hundes ist nur sehr bedingt in der Lage, hohe Temperaturen durch Wärmeabgabe mittels Hecheln sowie durch Verdunstungkälte mittels Schwitzen zu kompensieren, da er nur an den Ballen über Schweißdrüsen verfügt. So kommt es bei hohen „Außentemperaturen", d.h., Temperaturen, denen der Hund ausgesetzt ist (auch insbesondere im Auto oder in stickigen, schlecht belüfteten Räumen im Sommer), schnell zu einem so hohen Anstieg der Körperinnentemperatur, daß der Kreislauf des Hundes zusammenbricht (→ S. 53, Schock). Durch das vor dem Zusammenbruch meist sehr starke Hecheln kommt es oft zusätzlich noch zu einer Sauerstoffübersättigung im Blut, die auch zur Bewußtlosigkeit führen kann. Bei kurzköpfigen Rassen wie Bulldogge, Mops, Spitz entsteht oft ein Reiz-Ödem des Kehlkopfes, welches zum Ersticken führen kann (s. in diesem Fall S. 72, Kapitel Stiche in Maul und Hals, da gleiche Anzeichen und gleiche Sofortmaßnahmen).

Maßnahmen

- so viel frische Luft wie möglich (alle Fenster auf, Hund aus dem Auto hinaussetzen, zur Not Fenster einschlagen),
- Kühlung des Hundes mit kaltem Wasser oder kalt-feuchten Umschlägen (Tücher, nasse Decke, Schlauch, Badesee, Badewanne etc.); natürlich sollte man den überhitzten Hund behutsam, mit den Beinen beginnend, kühlen
- Wasser trinken lassen (nicht zu kaltes Wasser, aber lieber kaltes Wasser, als gar keines)
- den Hund ausruhen lassen
- Schockmaßnahmen, aber nicht in eine Decke wickeln
- evtl. ABC der Reanimation

Hunde nie im Sommer in schlecht belüfteten Räumen, besonders nicht im Auto allein lassen, auch nicht im Schatten. Bedenken Sie den Lauf der Sonne: Ein Auto, das im Schatten eines Baumes abgestellt wird, kann eine halbe Stunde später schon in der prallen Sonne stehen.

► Magendrehung

Der Name Magendrehung für das gefürchtete, nachfolgend beschriebene Ereignis bei Hunden ist im Grunde genommen
falsch, denn alles andere dreht sich, nur nicht der Magen. Der
Verdrehung des Magens voraus geht immer die Magenerweite-
rung. Da Hunde Raubtiere sind, die in der Natur nicht regelmäßig gefüttert würden, noch dazu im Rudel beim Fressen viele
Futterkonkurrenten hätten, neigen viele dazu, ihr Fressen hin-
unterzuschlingen. Bekommen sie große Mahlzeiten auf einmal
serviert, so gelangt eine große Menge schlecht vorverdautes
Futter in den Magen. Die Folge hiervon ist ein stark gefüllter
Magen, meist mit nachfolgender starker Gärung des Inhalts
durch die Magensäuren und Enzyme.

Dreht sich der Hund in diesem Zustand über den Rücken,
kann es passieren, daß sich der gefüllte und geblähte Magen
aufgrund der Trägheit der Masse nicht mitdreht und so „vorne
und hinten" verdreht wird. Gelegenheiten des „sich über den
Rücken Rollens" bieten sich beim Spiel mit dem Hund oder des
Hundes mit anderen Hunden sowie beim Wälzen, kurz nachdem er gefressen hat.

Der Magen kann sich hierbei (passiv) nach rechts (öfter),
nach links, um 90°, um 180°, sogar um mehr als 360° drehen.
Durch den „Drehverschluß" der Speiseröhre in den Magen und
des Zwölffingerdarms aus dem Magen ist er nun ein geschlosse-
ner Hohlraum, aus dem nichts mehr entweichen kann. So ist
denn auch das erste Anzeichen der erfolglose (!) Versuch, zu erbrechen (Würgen und typische Pumpbewegungen): Es kommt
nichts heraus außer Speichel. Dies ist der Moment, in dem bei
Ihnen die rote Warnleuchte angehen muß.

Der Magen ist zwar verschlossen, aber er verdaut weiter, so
daß er durch die entstehenden Gärgase wie ein Luftballon auf-
gepumpt wird. Da der Hundemagen dadurch, daß er oft viel
Beute auf einmal aufnehmen muß, höchst dehnungsfähig ist,
reißt er nicht, sondern wird immer größer, bis schließlich fast
die gesamte Bauchhöhle nur noch von Magen ausgefüllt wird.
Die restlichen Organe werden „in die Ecken" gequetscht.
Aus hauptsächlich drei verschiedenen Gründen, von denen einer durchaus genügen würde, kommt der Hund nun in eine lebensgefährliche Situation:

1. Der Druck des Magens auf das Zwerchfell behindert massiv
   die Atmung.
2. Blutgefäße, die Magen und Darm mit Sauerstoff und Nähr-

stoffen versorgen, werden mit abgedreht, so daß zum einen Magen- (und Darm-)Wände absterben und zum anderen ein Stau in einem großen Teil des Kreislaufs entsteht und auch nicht mehr ausreichend Blut aus dem Magen-Darm-Trakt zum Herz zurücktransportiert wird (= hypovolämischer Schock, s. S. 53).

3. Die Spannung der Magenwände sowie die Unterversorgung und nachfolgendes Absterben derer läßt sie durchlässig werden für Bakterien und deren Toxine (Gifte); Folge ist der septische Schock (s. dort). Außerdem werden meist noch die Milzgefäße mit verdreht, so daß auch die Milz allmählich abstirbt.

Diese rasch verlaufenden Schocksituationen machen den Hund schnell zu einem Risikopatienten, dessen Chancen für eine erfolgreiche Operation rapide sinken; der Hund muß spätestens sechs Stunden nach der vermuteten Drehung (!) operiert sein! Selbst nach erfolgreicher Operation kann der Hund noch bis drei Tage später an den Schockfolgen sterben. Daher ist dies eine der wenigen Ausnahmen für die Entscheidung, sofort in eine tierärztliche Klinik oder zu einem Tierarzt zu fahren, der / die die Möglichkeit hat, die entsprechende Operation sofort durchzuführen (fragen Sie Ihren Haustierarzt). Operiert werden muß in 95 % der Fälle (bei ganz leichten Drehungen gelingt es manchmal noch, mittels Magensondierung „zurückzudrehen").

Betroffen sind hauptsächlich sehr große Hunde (je größer der Hund, desto größer der Magen – desto träger die Masse), aber durchaus nicht nur! Weiterhin trifft es Hunde, die schnell und viel fressen (Cocker-Spaniel). Auch gibt es eine gewisse Veranlagung (längere oder schlaffere Aufhängung des Magens in der Bauchhöhle, vor allem des Leber-Magen-Bandes).

Maßnahmen

– Bei Verdacht sofort zu einem Tierarzt fahren, der die notwendige Operation durchführen kann
– Hund in der Körperlage lassen, die er selbst einnimmt, sie erleichtert ihm das Atmen
– allgemeine Schockmaßnahmen
– nicht unter dem Bauch tragen; die gestaute Magenwand oder die gestaute Milz könnten reißen
– falls möglich, mit dem Hinterkörper abwärts geneigt transportieren

TIP

Bei großen Rassen oder Hunden, die ihr Fressen sehr hinunterschlingen, die Mahlzeiten auf 2- bis 3mal täglich verteilen; nach dem Fressen ruhen lassen, alle Tiere machen das.

Info

Das Früherkennen der Erkrankung (über das erfolglose Erbrechen) ist hier besonders wichtig. Ist der Hund erst einmal aufgebläht wie eine Tonne, so hat er sehr schlechte Chancen, eine Operation und die Tage danach zu überstehen.

► ## Fremdkörper im Magen-Darm-Trakt und Darmverschluß

Alles, was ein Hund versehentlich verschlucken kann und was unverdaulich (Metall, Kunststoff, Holz) oder schwer verdaulich (Knochen) ist, kann ein Fremdkörper im Magen-Darm-Trakt sein. Dieser Fremdkörper kann theoretisch überall auf dem Weg zum After steckenbleiben. Oft bleiben Fremdkörper bereits im Magen liegen, können aber jederzeit auch in den Darm weiterwandern. Nach dem Magen folgt der Dünndarm, der aufgrund seiner Dünnwandigkeit meist die Endstation für den Fremdkörper bedeutet.

Lebensgefährlich wird der Fremdkörper für den Hund, wenn er dadurch, daß er spitz oder scharf (Holz-, Knochensplitter, Scherben, Steine) oder imstande ist, als „Säge" zu funktionieren (Angelschnur, Nähgarn, Kordel, den Magen oder Darm perforieren kann, denn daraus erfolgt eine oft tödliche Infektion der Bauchhöhle (s. S. 49) bzw. der septische Schock.

Ebenfalls lebensgefährlich wird es, wenn der Fremdkörper im Darm hängenbleibt und diesen somit verschließt = Darmverschluß (med. *Ileus*). Aus dem Darmverschluß resultiert ein Stau im Darm und somit eine Anschoppung von Darminhalt vor der Staustelle. Die Darmwand wird dadurch massiv unter Druck gesetzt und stirbt nach und nach durch Sauerstoffmangel, kleinste Blutgefäße werden abgequetscht, ab (Nekrose). So gelangen Darmbakterien und deren Gifte ins Blut bzw. die Bauchhöhle, und es kommt zum meist tödlichen septisch-toxischen Schock. Auch andere Ursachen können zum Darmverschluß mit den gleichen Folgen führen:

– Verstopfung (massive) durch viel schwerverdauliches Futter (Knochen!) oder durch Darmlähmung (beispielsweise nach Bauchoperation oder Unfall) oder massiven Wurmbefall bei Welpen;
– Darm-Verdrehung
– „Darm-in-Darm"-Schiebung, z. B. durch Bindfäden im Darm
– Darmbrüche, bei Nabel- oder Leistenbrüchen wird der Darm abgeschnürt
– andere Ursachen, wie Strangulation des Darms durch Narben oder hängende Tumoren

Anzeichen

☐ Fremdkörper im Magen

☐ „immer mal wieder" Erbrechen, oft über Monate, oft ohne Durchfall

☐ Appetitlosigkeit

☐ Gewichtsabnahme

☐ bei stark reizendem Fremdkörper auch Anzeichen der akuten Magen-Darm-Entzündung

► Info

Auch ein von den Anzeichen „harmloser" Fremdkörper im Magen kann dadurch, daß er jederzeit in den Darm weiterwandern kann, oder dadurch, daß er nach und nach die Magenwand zerstört (chronische Entzündung → Geschwür → Perforation) lebensgefährlich sein.

► TIP

– *Keine Knochen füttern! Sowohl die Knochen selbst (vor allem spitze Splitter durch das Zerkauen) als auch das unverdauliche Knochenmehl (der Mineralanteil des Knochens) können zum Darmverschluß bzw. zur Darmperforation führen.*
– *Kein falsches „Spielzeug", vor allem zu kleines, da es dann leicht verschluckt werden kann (wie Korken, Golf-, Tischtennisbälle für einen Schäferhund). Weitere ungeeignete Spielzeuge sind: Schnüre, Socken, Stoffteile, Steine (sie beschädigen außerdem massiv die Zähne), spitze oder scharfe Gegenstände und Holz – falls Ihr Hund dazu neigt, dieses teilweise zu schlucken.*

Maßnahmen

– Sofort zum Tierarzt (Röntgen und Operation)
– nichts mehr füttern
– Bauchregion vorsichtig behandeln, nicht „unterm Bauch" tragen
– Schockmaßnahmen
– kein Paraffin-Öl oder Glauber-Salz; sie führen zu einer Verstärkung der Darmeigenbewegungen Richtung Darmausgang, so kann es bei spitzen, scharfen oder schnurartigen Fremdkörpern noch leichter zur Perforation kommen; außerdem werden Fremdkörper im Magen regelrecht in den Darm befördert.

► Darmverschluß bzw. Fremdkörper im Darm

☐ Erbrechen, oft unstillbar und evt. gar nach Kot riechend (Stau)!

☐ fehlender Kotabsatz oder blutiger Durchfall (verletzender Fremdkörper)

☐ Appetitlosigkeit

☐ Teilnahmslosigkeit

☐ Winseln und Stöhnen

☐ Schmerz bei vorsichtigem Abtasten der Bauchhöhle

☐ haben Sie das Fressen eines Fremdkörpers gesehen oder vermuten dies (fehlendes „Spielzeug")?

☐ „Gebetsstellung" (hinten stehen, vorne liegen – zur Entlastung der Bauchhöhle);

☐ Schockanzeichen

☐ Anzeichen einer Bauchfellentzündung (s. S. 93).

▶ Akute Magen-Darm-Entzündung

Der gesamte Magen-Darm-Trakt ist mit einer Schleimhaut ausgekleidet. Diese Schleimhaut hat auch die Funktion, eine Abwehrbarriere darzustellen gegen jedwedes infektiöse Material, welches „von außen", d.h. über das Maul, aufgenommen wird. Dies hat zur Folge, daß sie sich sehr leicht entzündet, denn eine Entzündung ist eine Abwehrreaktion des Organismus.

Diese Entzündung kann durch thermische Schädigungen (zu heiße Nahrung, sehr kaltes Wasser, Schnee fressen), durch chemische Schädigungen (Säuren, Laugen, Gifte – s. unter Vergiftungen), durch mechanische Schädigungen (Fremdkörper, s. dort) sowie infektiöse Ursachen ausgelöst werden. Die letztgenannten Ursachen sind deutlich die häufigsten. Als Infektionserreger kommen Parasiten (Würmer) und Bakterien sowie Viren oder Pilze in Frage.

Die Hauptfolgen sind zunächst Durchfall, meist in Verbindung mit Erbrechen, wobei es von Ursache, Lokalisation im Darm und Dauer der Erkrankung abhängt, wie massiv sich

▶ Anzeichen

☐ dünnbreiiger bis wäßriger, evtl. unkontrollierter Durchfall (unkontrollierter Durchfall bedeutet, daß ein stubenreiner Hund sich nicht mehr im Haus / in der Wohnung mit seinem Kotabsatz zurückhalten kann)

☐ evtl. Erbrechen

☐ evtl. Fieber

☐ evtl. Appetitlosigkeit

☐ evtl. gestörtes Allgemeinbefinden

☐ evtl. Schockanzeichen

Man kann prüfen, wie es um den Flüssigkeitszustand des Hundes steht, indem man eine Hautfalte auf dem Rücken bildet und diese wieder zurückgleiten läßt. Gleitet sie nicht sofort oder verzögert zurück oder bleibt sie gar stehen, so ist der Flüssigkeitszustand des Hundes mittelschwer bis schwer gestört (Dehydratation führt zum Schock). Man nennt diesen Test Prüfen des Hautturgors.

Verwechslung

Vor allem Leber- und Nieren-
erkrankungen (s. entsprechende Kapitel) sowie Diabetes
und andere Stoffwechsel-
störungen führen bei Hunden
zu Durchfall und / oder Erbrechen. Die Unterscheidung
kann nur der Tierarzt treffen.

diese Anzeichen äußern. Bei Dünndarmblutungen kommt es
zu schwarzem und stark überriechendem Kot.

Die Lebensgefahr besteht durch den starken Flüssigkeits-
und Mineralienverlust durch den Durchfall (wässrig) und das
Erbrechen, denn dadurch entsteht der hypovolämische lebens-
bedrohende Schock.

Insbesondere junge Hunde (vor allem Welpen) erreichen
diesen Schockzustand durch Flüssigkeitsmangel (med. Dehydratation) sehr schnell.

Maßnahmen

– Nicht zu lange auf Besserung warten, bei Durchfall – insbesondere bei wässrigem oder gar blutigem- und / oder Erbrechen, vor allem mit Allgemeinstörungen (s. S. 12, Beurteilung des Allgemeinbefindens), lieber direkt zum Tierarzt
– mindestens 24 Stunden nicht füttern
– Flüssigkeitsaufnahme sicherstellen
– Schockmaßnahmen

Vorbeugung
Regelmäßige Impfprophylaxe und Wurmkur.

▶ Akute Bauchfellentzündung

Das Bauchfell kleidet die Bauchhöhle ein, die wiederum die Bauchhöhlenorgane (Magen, Darm, Leber, Milz, Bauchspeicheldrüse, Blase, Nieren) enthält. Zwischen Haut und Bauchhöhle befinden sich noch weitere Schichten aus Unterhaut, Fett und vor allem Bauchmuskulatur. Das heißt, nur tiefere Verletzungen haben auch eine Eröffnung und damit eine Infektion der Bauchhöhle zur Folge.

Auch stumpfe Traumata (Schlag, Stoß – wie bei einem Tritt gegen den Bauch, Verkehrsunfall) können Organe verletzen und somit zum massiven Austritt von Keimen in die Bauchhöhle führen.

Schließlich können auch Allgemeininfektionen oder Krankheitsherde (Abszesse) die Bauchhöhle und das Bauchfell über das Blut infizieren.

Da das Bauchfell optimal durchblutet und mit Lymphwegen ausgestattet ist, resorbiert es sehr gut, so daß Bakterien und deren Gifte von der Bauchhöhle aus sehr schnell im gesamten Organismus wirken können (septischer Schock).

Maßnahmen

– Bauch vorsichtig behandeln, nicht „unterm Bauch" tragen
– bei hohem Fieber naß-kalte Umschläge mit einem Handtuch
– bei Schockanzeichen: Schockmaßnahmen
– sofort zum Tierarzt

▶ Anzeichen

☐ Schmerz bei Betasten des Bauchs

☐ aufgeschürztes Stehen zur Entlastung des Bauchs

☐ aufgekrümmter Rücken

☐ Stöhnen und Winseln

☐ Teilnahmslosigkeit

☐ Atmen nur mit dem Brustkorb

☐ meist hohes Fieber

☐ gespannter Bauch

☐ Schockanzeichen

▶ Verwechslung

Die drei Anzeichen Bauchschmerz, gespannter Bauch und aufgeschürztes Stehen sind typische Anzeichen für den Zustand des „akuten Bauches", der auch durch akute Krankheiten bzw. Verletzungen der Bauchhöhlenorgane (vor allem Darmverschluß, Fremdkörper, Magen-Darm-Entzündung, Nierenentzündung, Zwerchfellriß, Eingeweidebrüche, Bauchspeicheldrüsenentzündung, Leberentzündung, Gebärmutterentzündung und Trächtigkeitszwischenfälle) herrühren kann, die selbst wiederum oft eine Bauchfellentzündung zur Folge haben (s. a. entsprechende Kapitel).

▶   **Akutes Leberversagen / Leberkoma**

Die Leber ist das größte Stoffwechselorgan des Organismus und hat dementsprechend mannigfache Aufgaben. In gleichem Maße kommt es bei Ausfall dieser Funktionen zu sehr vielen unterschiedlichen Anzeichen.

Man kann den Aufgabenbereich der Leber zunächst unterteilen in Stoffwechsel (Auf- und Abbau von Zucker, Eiweißen, Fetten, Vitaminen u.a.), Speicherung (Zucker, Fett, Vitamine, Mineralien u.a.) und „Unschädlichmachung" sowie „Ausscheidung" von schädlichen Stoffen (vor allem Ammoniak aus der „Eiweißverdauung", Medikamente, Gifte etc.). Vor allem der letzte Aufgabenbereich macht sich bei Ausfall des Organs am schwersten bemerkbar, so daß es durch die fehlende Entgiftung schließlich zur ZNS- (Zentrales Nervern-System = Hirn und Rückenmark) Schädigung kommt sowie zum Koma und nachfolgendem Exitus. Die Leber fällt bemerkbar erst in sehr fortgeschrittenen Stadien von Lebererkrankungen (Stauleber, Fettleber, Leberzirrhose) aus oder bei sehr graviden Schädigungsvorgängen (Infektion, Vergiftung), da sie sehr kompensierungs- und regenerierungsfähig ist.

Ursächlich gibt es sehr viele Noxen (schädigende Einflüsse), die die Leber früher oder später zum Ausfall bringen können. Die wichtigsten sind:

1. Leberinfektionen
2. Stauung von Blut in die Leber bei Herzinsuffizienz
3. Lebertumoren
4. Schadstoffe wie Medikamente und Gifte
5. Magen-Darm-Erkrankungen
6. Verletzungen

Anzeichen

☐ Störung des Allgemeinbefindens

☐ Durchfall und / oder Erbrechen

☐ heller oder sehr dunkler Kot

☐ Gelbfärbung der Schleimhäute

☐ Schmerzen im Bauchraum (vor allem hinter dem letzten Rippenpaar)

☐ aufgekrümmter Rücken

☐ Umfangsvermehrung im Übergang Rippen / Bauchregion

☐ Flüssigkeit in der Bauchhöhle (Auslösen von Wellen beim Betasten)

☐ Verhaltensänderung (Vorsicht! Aggression, Depression, Teilnahmslosigkeit)

☐ Zittern, Taumeln, Speicheln, Augenzittern, Gleichgewichtsstörung, Lähmungen, Festliegen, Krämpfe

☐ Koma, d.h. Bewußtlosigkeit

Maßnahmen

- kein Streß
- Bauchregion mit Decke warmhalten
- bei Gleichgewichtsstörungen: Verletzungsmöglichkeiten minimieren (Aufschlagen mit dem Kopf verhindern etc.)
- bei Koma oft gleichzeitiges Erbrechen:
  Atemwege freihalten (s. S. 114, ABC der Reanimation)
- sofort zum Tierarzt

▶ **Enddarmvorfall**

Es kann passieren, daß der Enddarm durch den Druck der Eigenbewegung des Darmes, der normalerweise den Kot hinausschieben soll, und einer Schwäche des Schließmuskels des Afters teilweise durch den After gedrückt wird und so vorfällt. Die vermehrte Motorik und die Schwäche des Schließmuskels können durch Magen-Darm-Entzündungen, Verstopfungen und andere Reizungen des Enddarmes (Prostata-Vergrößerung, Abszeß, Tumor etc.) bedingt sein. Der vorgefallene Teil des Enddarms wird durch den Schließmuskel abgequetscht und so nicht ausreichend mit Blut versorgt. Der daraus resultierende Sauerstoffmangel führt zum Absterben dieses Darmabschnitts (Nekrose). Außerdem wird die geschwächte Schleimhaut dieses Darmabschnitts sehr leicht mit Keimen der Außenwelt infiziert. Kotabsatz ist bald nicht mehr möglich; ein septischer Schock kann die Folge sein.

Maßnahmen

- vorgefallenen Darmbereich mit physiologischer Kochsalzlösung (oder falls nicht vorhanden mit Leitungswasser) abspülen
- mit möglichst kalten mit Kochsalzlösung oder Leitungswasser getränkten Gaze-Tupfern vollständig abdecken
- sofort zum Tierarzt

▶ **Verwechslung**

Bei der Vielseitigkeit der Anzeichen ist es schwierig, nur einige der Verwechslungsmöglichkeiten herauszugreifen, vor allem bei ZNS-Anzeichen sowie Durchfall und Erbrechen. Die Gelbfärbung der Schleimhäute allerdings in Kombination mit Durchfall und Erbrechen und aufgekrümmtem Rücken mit Leberschmerz ist wegweisend.

▶ **Anzeichen**

☐ plötzliche rötliche bis bläuliche Umfangsvermehrung am After, je nach vorgefallener Menge zylindrisch

☐ fehlender Kotabsatz

☐ Schockanzeichen

Info

Harnsteine rezidivieren in
50 % der Fälle (d.h. sie
kommen wieder). Wichtig
ist bei solchen Hunden immer, daß sie ausreichend Wasser zur Verfügung haben und
die richtige Diät.
Die tödliche Urämie kann
sich aufgrund des Steinver-
schlusses innerhalb von
24 bis 48 Stunden entwickeln.

▶ Stauungen in den Harnwegen

Harn wird in den Nieren aus dem Blut gefiltert und konzen-
triert, sammelt sich im Nierenbecken, fließt von dort beidseitig
durch die dünnen Harnleiter in die Blase, sammelt sich erneut,
fließt nun bei Blasenentleerung durch die Harnröhre per Vagina oder Penis nach „draußen". Auf diesem Weg kann es Staus
geben, beispielsweise durch starke Entzündungen, auf die
Harnröhre drückende Tumoren oder Prostata sowie sehr oft
durch Steine, die sich in Nierenbecken (selten) oder Blase
(meist) bilden und dort ständig die Schleimhäute reizen (wie-
derkehrende, oft blutige Blasen- / Nierenentzündungen) oder
mit dem Urin in den Harnleiter / die Harnröhre abgetrieben
werden und dort teilweise oder völlig jene verschließen. Der
Harn staut sich so mit der Zeit immer weiter zurück bis in die
Nieren, deren Gewebe durch diesen Druck abzusterben beginnt. Schließlich kommt es zum Nierenversagen und zur
Harnstoffvergiftung (med. Urämie) mit Todesfolge.

Die Steine bestehen aus Kristallen (Carbo-
nat, Oxalat, Cystin, Urat, Struvit, Silikat etc.)
und entstehen durch Stoffwechselstörungen,
veränderte pH-Werte im Harn sowie bei Harnwegsinfektionen. Sie kommen gehäuft bei bestimmten Rassen vor (beispielsweiseDalmati-
ner, Dackel, Zwergschnauzer, Bulldoggen,
Möpse, Beagle) und sind besonders für Rüden
durch ihre engere und längere Harnröhre gefährlich.

Anzeichen

☐ Schmerzen (Jaulen, Winseln, Aufschrei)
beim Harnabsatz

☐ Harn kann gar nicht oder nur in dün-
nem, unterbrochenem Strahl, häufig
mit Blutbeimengung, abgesetzt werden

☐ Harn wird mit Bauchpresse abgesetzt

☐ Schmerzen im Magen oder im Nieren-
bereich (hinter den letzten Rippen
unterhalb der Wirbelsäule)

☐ aufgekrümmtes Stehen und Gehen;

☐ schließlich Anzeichen des Nieren-
versagens

☐ evtl. Fieber

Maßnahmen

Die Steine müssen meist operativ entfernt werden (manchmal können sie auch vom Tierarzt
herausgespült werden), und zwar möglichst
schnell.

Sonstige Maßnahmen und Verwechslungsmöglichkeiten s. S. 97, Kapitel Nierenversagen.

▶ **Akutes Nierenversagen**

Wie die Leber, so hat auch die Niere viele verschiedene Aufgaben, hauptsächlich die Regulation des Flüssigkeits- und Elektro-
lyt-Haushalts (Na^+, Cl^+, K^+, Ca^+, Phos), indem sie mehr oder
weniger Wasser und Elektrolyte ausscheidet, sowie vor allem die
Ausscheidung „harnpflichtiger" Stoffe. Diese Stoffe sind für
den Organismus unbrauchbar und / oder giftig und werden von
der Niere, nachdem sie von der Leber entsprechend „präpariert"
wurden, aus dem Blut herausgefiltert und mit dem Harn aus-
geschieden. Aber auch zur Blutbildung trägt die Niere bei. So

Beobachten Sie Ihren Hund in seinem Trinkverhalten, so daß Sie
mögliche Unregelmäßigkeiten wie
vermehrte Wasseraufnahme feststellen können.

▶ **Anzeichen**

☐ nach (längerem) ver-
mehrtem Harnabsatz,
verminderter oder gar
kein Harnabsatz mehr

☐ nach (längerem) ver-
mehrtem Trinken, feh-
lende Futter- und Was-
seraufnahme

☐ schwere Allgemein-
störungen (s. S. 12,
Beurteilung des Allge-
meinbefindens)

☐ Dehydratation, d.h.
Austrocknung = verzö-
gerter Hautturgor
(s. S. 91, Akute Ma-
gen-Darm-Entzün-
dung)

☐ Untertemperatur und
/ oder Festliegen (bei
Nierenentzündung
auch Fieber)

☐ geschwürige Entzün-
dungen im Maul
(durch die Reizwir-
kung des Harnstoffs)

☐ Durchfall und / oder
Erbrechen

☐ Bewußtlosigkeit, Gleichgewichtsstörungen, Zit-
tern, Krämpfe

☐ besonders aus dem
Maul nach Harnstoff
stinkend

▶ Verwechslung

Achtung: Da das Nierenversagen oft eine Komplikation einer anderen Erkrankung des Kreislaufs darstellt, werden die an und für sich ohnehin nur allgemeinen Anzeichen oft vom Grundleiden überzeichnet.

kommt es bei Versagen dieses Organs hauptsächlich zu Anzeichen durch den instabilen Flüssigkeits- und Elektrolythaushalt (Kreislaufstörungen, Austrocknung etc.) sowie zu Vergiftungserscheinungen – hauptsächlich durch Harnstoff. Wie die Leber ist auch die Niere wiederum sehr kompensierungsfähig, so daß chronische Niereninsuffizienzen sehr häufig erst im Endstadium (Versagen) erkannt werden.

Da die Niere als „Filter" in die Blutbahn „eingebaut" ist, ist ihre Funktion von einem stabilen Blutdruck abhängig, so daß alle Ursachen, die den Blutdruck stark erniedrigen, zu einer Mangeldurchblutung der Niere und damit zunächst zu einer Verschlechterung der Nierenleistung und später durch Versorgungsmangel der Niere selbst (vor allem Sauerstoffmangel) zu einer Nierenschädigung führen können. Dies wiederum sind alle Ursachen, die auch zum Schock führen können (Schockniere!), beispielsweise Flüssigkeitsverluste (Erbrechen, Durchfall), Blutverluste (Blutungen), Herzversagen, Plasmaverluste (Verbrennungen), Gefäßweitstellung (Vergiftungen, Bakterien in der Blutbahn, Anaphylaxie) etc..

Die Ursache kann aber auch in der Niere selbst liegen: Nierenentzündung durch Infektion (Leptospirose, Eitererreger etc.), Vergiftungen, Medikamente, „Verstopfung" des Filtersystems durch verschiedene Stoffe.

Schließlich kann die Ursache auch „hinter" der Niere liegen, d.h., Stauung von Harn in der Niere erzeugt dort Überdruckschädigung sowie Schädigung durch die nicht mehr „ablaufenden" Gifte (s. S. 96, Stauungen im Harnapparat).

Typisch ist der fehlende Harnabsatz (auch bei Durchbruch von Blase / Harnleiter oder bei Harnsteinen, bei denen es auch zur Harnstoffvergiftung und somit zu gleichen Anzeichen kommt) bei vorheriger vermehrter Wasseraufnahme und vermehrtem Harnabsatz.

Maßnahmen

– Nieren- und Schockpatienten sind die streßempfindlichsten Patienten
– allgemeine Schockmaßnahmen
– bei Untertemperatur warmhalten (Decke)
– ständig Wasser anbieten, vorsichtig eingeben (Vorsicht: Verschlucken! Kein Streß!);
– bei Bewußtlosigkeit häufig gleichzeitiges Erbrechen: Atemwege freihalten (s. S. 114, ABC der Reanimation)
– bei Herz- / Atemstillstand: ABC der Reanimation.

Vorbeugung

Es kommt sehr, sehr häufig zu einem plötzlichen Nierenversagen bei bestehender chronischer Niereninsuffizienz (durch psychischen oder physischen Streß), die häufig durch undeutliche Anzeichen (leichtere Störungen des Allgemeinbefindens sowie vermehrte Wasseraufnahme und vermehrter Harnabsatz) unerkannt bleibt und daher nicht behandelt wird.

▶ Info

Erst wenn 70 bis 80% beider Nieren ausgefallen sind, kommt es zu deutlichen Anzeichen.

Auch unterwegs braucht der Hund immer sauberes Trinkwasser.

▶ **Epilepsie**

Wie beim Menschen, so gibt es auch beim Hund die angeborene primäre Epilepsie. Aber auch viele andere Ursachen können zu epileptiformen Anfällen führen, nämlich alle Ursachen, die zu den entsprechenden hirnorganischen Störungen führen. Die wichtigsten seien hier genannt: Infektionen des Gehirns (Toxoplasmose, Staupe, Tollwut etc.), Gehirntraumata (z.B. nach Unfällen), Spätfolgen der Staupe, Vergiftungen (s. z.B. Blei-Vergiftung), nach Sauerstoffminderversorgung (z.B. Schlaganfall – s. Gefäßverschlüsse), Tumoren.

Die echte Epilepsie kommt rassegehäuft vor – Pudel, Beagle, Collie – und sie beginnt meist zwischen dem 2. und 3. Lebensjahr (1. Anfall). Ob es sich tatsächlich um die angeborene Epilepsie handelt, läßt sich vom Tierarzt meist nur über Ausschluß der anderen Möglichkeiten durch entsprechende Diagnostik klären.

Die unten beschriebenen Anfälle können einen Zeitraum von einigen Sekunden bis hin zu Stunden einnehmen. Die Abstände zwischen den Anfällen variieren ebenfalls sehr stark (einmal pro Jahr bis mehrmals täglich in einer akuten Phase).

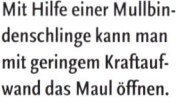

Mit Hilfe einer Mullbindenschlinge kann man mit geringem Kraftaufwand das Maul öffnen.

Es gibt auch Fälle, bei denen sich lebenslang nach einem epileptischen Anfall nie wieder etwas Derartiges zeigt (ohne Therapie).

Dauern die Anfälle länger als ein paar Minuten, kann es zu schweren hirnorganischen Schäden kommen. Normalerweise erholen sich die Hunde nach kurzer Bewußtseinstrübung jedoch recht schnell wieder, und zum Tode kommt es sehr selten.

Maßnahmen

- Vorsicht, ein krampfender Hund kann unabsichtlich fest zubeißen
- bei Bewußtlosigkeit: auf Erbrechen, Herz-, Atemstillstand achten
- bei starken Zuckungen und Umherlaufen mit Bewußtseinstrübung: auf Verletzungsmöglichkeiten achten
- auf Zunge beißen / kauen verhindern (Vorsicht!), durch Klemmen eines Holzstücks (Stock, Kleiderbügel etc.) zwischen die Zähne
- verhalten Sie sich dem Hund gegenüber besonders ruhig
- bei Anfällen von mehr als 2 Minuten Dauer: sofortiger, vorsichtiger Transport zum Tierarzt

TIP

Nie eine Dauertherapie mit Antiepileptika plötzlich abbrechen

▶ Anzeichen

Die Anzeichen entsprechen „im Vollbild" und in der Reihenfolge ihres Auftretens einem typischen epileptischen (oder epileptiformen) Anfall, viele der Anzeichen können jedoch auch fehlen, es kann sogar nur ein einziges auftreten.

☐ Angst, Zittern, ungewöhnliches Verhalten (z.B Fliegen schnappen)

☐ Bewußtseinstrübung

☐ plötzliches Umfallen (evtl. mit Aufschrei)

☐ Zuckungen der Beine, totale Verkrampfung

☐ starkes Speicheln

☐ ständiges Kauen oder Maul nicht zu öffnen

☐ beim Krampfen Urinabsatz (spritzerweise)

☐ beim Krampfen Kotabsatz

☐ nach Krampfen noch eine Weile ruhig liegenbleiben

☐ noch eine Weile nicht ansprechbar

☐ wieder aufstehen, Erholung

▶ Akuter Bandscheibenvorfall

Bandscheiben sind die Pufferzonen zwischen den einzelnen Wirbeln oder die Stoßdämpfer der Wirbelsäule. Sie bestehen aus einem härteren Rahmen und einem gelatineartigen Kern. Dieser Kern (med. Nucleus pulposus) hat bei einigen Hunden veranlagungsbedingt den „Hang" zur Verknöcherung, d.h. er wird immer härter, so daß 1. die Puffereigenschaft entfällt und 2. dieser harte Kern auf das Rückenmark drückt, was zur Folge hat, daß die dort verlaufenden Nerven mehr oder weniger geschädigt werden. Dies wiederum bedeutet für den jeweiligen Zuständigkeitsbereich der einzelnen Nerven (Haut / Muskulatur / Organe) Verlust der Erregbarkeit oder Übererregbarkeit ab der Region des betroffenen Wirbels oder Wirbel-Spaltes in Richtung Schwanz, was sich am häufigsten durch unterschiedliche Lähmungsgrade in der Hinterhand und Schmerzen im Rückenbereich durch den Druck der Bandscheibe (Rückenmarkskompression) äußert. Die Hunde wollen plötzlich keine Treppen mehr hochgehen oder bewegen sich steif und winseln bei bestimmten Bewegungen („Hexenschuß").

Schließlich kann die verknöcherte Bandscheibe wie ein Schaffott in das Rückenmark gedrückt werden, was zur Querschnittslähmung ab dem betroffenen Rückenmarkssegment führt und im Halswirbelbereich durch folgende Lähmung der Atemmuskulatur zum Tod führen kann (akuter Bandscheibenvorfall).

Bestimmte Hunderassen sind besonders betroffen: Dackel (Dackellähme), Pekinesen, Zwergpudel, Cocker-Spaniel; Halswirbel: Dobermann und Deutsche Dogge), und diese wiederum besonders im Alter von 3 bis 5 Jahren. Es gibt aber viele Ausnahmen von beiden Regeln.

Anzeichen

☐ vollständige, plötzliche, beidseitige Lähmung der Hinterbeine und des Schwanzes;

☐ vollständiger Verlust oder eingeschränktes Schmerzempfinden am Schwanz oder an den Hinterbeinen (Zwischenzehenkneifen!) Wichtig ist hierbei die Schmerz-Reaktion des Hundes: Winseln, Knurren oder sich Umschauen);

☐ Unvermögen, Urin oder Kot abzusetzen.

Maßnahmen

– Der Hund muß sehr, sehr vorsichtig transportiert werden; Rücken nicht biegen, am besten auf einer festen Unterlage transportieren, dem Herunterrutschen vorbeugen
– Der Hund muß möglichst schnell in einer Spezialklinik (fragen Sie Ihren Haustierarzt) operiert werden. Je schneller die

betreffende Bandscheibe entfernt werden kann (und ein Teil des Wirbels), desto besser sind die Heilungschancen (max. 48 Stunden).

– Der Hunderumpf kann für den Transport – falls vorhanden – dick mit Zellstoffrollen umwickelt werden, so daß die Wirbelsäule stabil bleibt. Beim Anlegen muß der Hund mit größter Vorsicht von 2 Personen angehoben werden, so daß dabei die Wirbelsäule möglichst gerade bleibt.

Vorbeugung

Zeigen Hunde Anzeichen für Rückenmarkskompression, sollten sie geröntgt werden (mit Kontrastmittel) und die entsprechende(n) verknöcherte(n) Bandscheibe(n) mittels Spezialoperation entfernt werden). Die Heilungschancen sind dann viel besser und die Regenerationszeit viel kürzer!

> **Verwechslung**
>
> v.a. Rückenmark-Traumata

Hunden macht es richtig Spaß zu springen oder andere Kunststücke durchzuführen. Meist erkennt man erst durch einen akuten Notfall, daß der Hund Probleme mit den Bandscheiben hat.

Geburt und weibliche Geschlechtsorgane

Geburt und weibliche Geschlechtsorgane

▶ Gebärmutterentzündung

Dieser Notfall betrifft nur die weiblichen Hunde, ist aber bei diesen, so sie unkastriert und erwachsen sind, relativ häufig anzutreffen (meist sind die Hündinnen über fünf Jahre alt).

Zum Zeitpunkt der Läufigkeit ist der äußere und innere Muttermund offen, damit im Falle der Paarung der männliche Samen die Eileiter erreichen kann. Leider ist dieser Weg so auch für Bakterien offen, die es manchmal schaffen, als aufsteigende Infektion den Uterus (Gebärmutter) zu besiedeln. Hier finden sie zur Zeit der Läufigkeit und in der Zeit danach, in der die Gebärmutter stark durchblutet und deren Schleimhaut starken Umbauvorgängen unterworfen ist, einen optimalen Nährboden. Nach der Läufigkeit schließt sich der Gebärmutterhals wieder, so daß sich in der Anfangsphase der Entzündung kaum Anzeichen bemerkbar machen. Das Immunsystem kämpft allerdings mit voller Kraft gegen die Keime im Uterus, und aus diesem „Krieg" entstehen Abfallprodukte, was nichts anderes ist als Eiter. Da dieser (meist) nicht abfließen kann, füllt sich die Gebärmutter immer mehr mit Eiter, so daß sie schließlich wie ein Ballon unter Spannung stehen kann (Pyometra). Der Druck des Eiters auf die Gebärmutterwände sowie dessen Giftstoffe schädigen diese (so daß sie „porös" werden), und schließlich können auch Gifte in den Gesamtorganismus entlassen werden, wodurch es zunächst zu lokalen Schädigungen an benachbarten Nerven und Organen und schließlich zur tödlichen Blutvergiftung kommen kann.

▶ Anzeichen

Die Anzeichen beziehen sich auf ein akutes Stadium einer schon länger bestehenden eitrigen Gebärmutterentzündung, häufig 4 bis 10 Wochen nach der Läufigkeit:

- ☐ vermehrte Wasseraufnahme

- ☐ vermehrter Harnabsatz

- ☐ Fieber

- ☐ Schmerzen im Bauchraum

- ☐ Appetitlosigkeit, gestörtes Allgemeinbefinden

- ☐ Lahmheits- und / oder Lähmungserscheinungen, Schwäche in der Hinterhand (Hinterbeine)

- ☐ evtl. eitriger Ausfluß aus der Vagina (Scheide)

- ☐ Bedürfnis des Hundes, sich auf kühle Flächen zu legen

- ☐ Schockanzeichen

Maßnahmen

- nicht „unterm Bauch" tragen; die Gebärmutter könnte platzen
- bei hohem Fieber (> 40,5° C) naßkalte Umschläge
- bei Schockanzeichen: Schockmaßnahmen
- das Tier muß schnell operiert werden: schnell zum Tierarzt

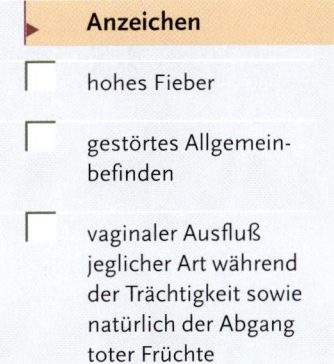

Verwechslung

„Akutes Abdomen" (akuter Bauch) im Kapitel Bauch-fellentzündung, S. 93

► TIP

Vorbeugung:

- *Bei jeglichem Ausfluß aus der Scheide, der nicht geringgra-dig und glasklar ist (außer z.Z. der Läufigkeit), sollte der Tierarzt dies kontrollieren.*
- *Besser keine Empfängnisverhütung außer der Kastration, denn die Mittel zur Empfängnisverhütung erhöhen das Risi-ko einer Gebärmutterentzündung.*
- *Die sicherste Vorbeugung ist natürlich die Kastration – falls Sie nicht züchten wollen –, denn wo nichts ist, kann sich auch nichts entzünden. Im Falle der Gebärmutterentzün-dung muß schließlich ohnehin kastriert werden, mit dem Unterschied, daß es sich dann um einen Risikopatienten handelt.*

► Notfälle und Probleme während der Trächtigkeit

Die häufigsten Komplikationen in der Zeit von der Befruchtung bis zur Geburt der Welpen kommen durch drei Ursachen zu-stande:

- zu viele Früchte;
- Infektion der Früchte;
- Verdrehung von Gebärmutterteilen.

Die normale Anzahl von Früchten ist bei Hunden rassespezi-fisch, d.h. die mittlere Wurfgröße schwankt zwischen den ein-zelnen Rassen. Liegt eine Hündin deutlich über diesem Wert oder ist sie aufgrund ihrer körperlichen Konstitution (Krank-heit, Alter, Unterernährung) zu schwach zur Versorgung vieler Früchte, kann es bei ihr zu schweren Störungen des Allgemein-befindens kommen, zu Erschöpfungszuständen und Appetit-losigkeit, aber auch zu Erbrechen und Atemnot. Eine Röntgen-aufnahme sichert dem Tierarzt die Diagnose. Die Hündin muß gehaltvolle Nahrung bekommen und darf körperlich nicht mehr als unbedingt notwendig belastet werden. Reichen diese Maß-

Anzeichen

- [ ] hohes Fieber
- [ ] gestörtes Allgemein-befinden
- [ ] vaginaler Ausfluß jeglicher Art während der Trächtigkeit sowie natürlich der Abgang toter Früchte

nahmen nicht aus, erfolgt ein vorzeitiger Kaiserschnitt, um das Leben der Mutter zu retten.

Keime können über das Blut auf plazentarem Weg (d.h. über den Mutterkuchen) auch die Früchte befallen, die daraufhin absterben können und verworfen werden (Abort) oder im Uterus bleiben, wobei dann auch der mütterliche Organismus durch den folgenden Zersetzungsprozeß der Früchte vergiftet werden kann. Der Tierarzt muß unbedingt aufgesucht werden, um antibio-

Neugierig betrachten diese gesunden Welpen ihre Umgebung. Die artgerechte Aufzucht von Welpen bedeutet einen nicht unerheblichen Zeit- und Kostenaufwand.

tisch zu therapieren und um evtl. noch verbliebene Früchte operativ zu entfernen.

Die Gebärmutterhörner (der Hund hat den Gebärmutterkörper in zwei „Hörner" geteilt) können, wenn sie gefüllt sind (beispielsweise auch bei eitriger Gebärmutterentzündung), selten auch verdreht werden. Die Folge ist Blutstau vor der Verdrehung und damit Absterben der Gebärmutter und der dortigen Früchte hinter der Verdrehung.

Es kommt infolgedessen auch zur Lebensgefahr des Muttertieres durch Schock.

Die Anzeichen für eine solche „Torsio uteri" sind die des akuten Bauchs und des Schocks. Die Therapie besteht im Kaiserschnitt mit folgender Kastration. Als Sofortmaßnahmen sehen Sie bitte auf S. 53 unter „Schockmaßnahmen" nach.

Wann muß umgehend der Tierarzt aufgesucht werden?

– bei gestörtem Allgemeinbefinden des Muttertieres, besonders bei Fieber

– Verzögerung der Geburt über den 68. Tag der Trächtigkeit
– Ausbleiben des 1. Welpen nach 30 Min. Preßwehen
– Ausbleiben des nächsten Welpen über 4 Stunden nach dem vorherigen
– grünlicher oder anders verfärbter Ausfluß vor (!) dem 1. Welpen
– Ausstoß einer toten Frucht
– Abgang von übelriechendem Ausfluß zwischen den Geburten
– wenn ein Welpe im Geburtskanal zu sehen oder zu spüren (mit absolut sauberem Finger), aber nach 15 Min. noch nicht vollständig geboren ist

Sofortmaßnahmen als Geburtshelfer

Bei Steckenbleiben eines Welpen im Geburtskanal:
– Hände gründlichst waschen und mit Hand- oder Wundantiseptikum aus dem Verbandskasten desinfizieren;
– falls vorhanden, mit Einmal-Spritze (ohne Nadel natürlich) 5 – 10 ml Paraffin-Öl in die Scheide eingeben;
– die Hände mit Gleitmittel (Paraffin-Öl, Nivea-Creme) gleitfähig machen und mit den Fingern der einen Hand vorsichtig an der Frucht ziehen, mit den Fingern der anderen Hand oberen Scheidenwinkel vorsichtig über den Welpen zurückstreifen; bereits ausgetretene Teile des Welpen zu den Hinterbeinen der Mutter hin ziehen; nur wenn der Kopf – oder bei Beckenendlage beide Hinterbeine – gegriffen werden können, ansonsten zum Tierarzt;
– nur während der Preßwehen ziehen, nur ganz vorsichtig, nicht stark, sonst kann es zu erheblichen Geburtsverletzungen des Muttertiers kommen;
– falls es nicht innerhalb von 15 Min. geschafft werden kann, den Welpen zu „bergen", muß der Tierarzt aufgesucht werden!
– falls der Kopf des Welpen zu sehen ist, entfernen Sie alle Fruchtblasenteile und Schleim von Nase und Maul, so daß er schon atmen kann.

Das Wichtigste überhaupt ist jetzt die Atmung des Neugeborenen, die durch eingeatmetes Fruchtwasser bei langen Geburten nicht einsetzen kann:
– Zuerst wird der Maul-, Nasen- und Schlundbereich des Welpen mit einem sauberen Taschentuch oder Zellstoff oder Mull gründlichst von Schleim befreit, dazu das Maul weit öffnen;
– durch das Trockenrubbeln wird meist schon die Atmung angeregt, so daß der Welpe anfängt zu quieken, was Ziel der Maßnahme ist;

Behandlung des Neugeborenen

Das ist besonders wichtig bei Kaiserschnittassistenz: Kommt die Mutter ihrer Aufgabe des Säuberns und Durchtrennens der Nabelschnur nicht nach (z. B. weil sie in Narkose liegt), müssen Sie diese Aufgabe übernehmen:

☐ Kräftiges Trockenrubbeln der Welpen mit einem sauberen Handtuch nach Entfernen der Fruchthüllen (aufreißen);

☐ Abbinden der Nabelschnur mit einem starken (vorher mit Antiseptikum oder Alkohol desinfizierten) Bindfaden – mehrfach knoten;

☐ Abschneiden der Nabelschnur, so daß der Knoten vom Abbinden zwischen Schnitt und Welpe liegt.

Info

Niemals Atemstimulantien bei den Neugeborenen einsetzen, bevor sämtliches Fruchtwasser aus den Atemwegen entfernt wurde, denn dadurch wird es nur noch tiefer eingesogen.

– quiekt / atmet er nicht, so sind folgende Maßnahmen in dieser Reihenfolge zu wiederholen, bis er atmet (bis zu 45 Min. lang):

1. Den Welpen fest in beide Hände nehmen, Kopf mit Daumen stützen, so daß er nicht hin und her geschleudert werden kann, Schwanz und Hinterbeine mit Ringfingern und kleinen Fingern halten. Jetzt wird der Welpe hoch über den Kopf gehalten und dann im Bogen fest in Richtung Boden geschleudert, als wolle man ihn auf den Boden werfen. Dies hat den Sinn, Schleim und Fruchtwasser aus den Atemwegen heraus zuschleudern. Dies wird 3 bis 5 mal wiederholt. Vorsicht! Welpen gut festhalten, nicht mit einem Handtuch nehmen, sonst kann er herausrutschen.

2. Fest mit Handtuch in schneller Frequenz über Wirbelsäulen- und Brustkorbregion reiben, bis der Welpe anfängt zu quieken / atmen.

3. Falls er immer noch nicht atmet: Mehrmals 1. und 2. wiederholen.

4. Falls er immer noch nicht atmet: Vorsichtige Mund-zu-Maul-/ Nase-Beatmung, bedenken Sie aber die winzige Lunge, d.h. nur ganz kurzes Einblasen (s. S. 114, ABC der Reanimation).

5. Kurzes Halten in / unter kaltes Wasser (nicht den Kopf).

– Wenn die Welpen atmen, werden die quiekenden Welpen zusammen in ein absolut sauberes, weiches, warmes Nest gelegt, am besten unter eine Rotlichtwärmelampe.

– Die Welpen müssen so schnell wie möglich bei der Mutter trinken.

Notfälle nach der Geburt

Zu diesen kann es kommen durch Druck- oder Rißverletzungen der Geburtswege, Blutungen, zurückgehaltene Nachgeburt, Calcium- oder Zuckermangel.

Bei folgenden Anzeichen sollte deshalb schnell der Tierarzt aufgesucht werden:

– Fieber, d.h. mehrmals Temperatur messen,
– gestörtes Allgemeinbefinden
– Ausfluß von Blut oder schwarz-gräulichem Sekret noch am 2. Tag nach der Geburt
– Muskelzittern, steifer Gang, Krämpfe

Sofortmaßnahmen

Welpen nicht mehr trinken lassen (s. S. 111 Mutterlose Aufzucht).

Mutterlose Aufzucht

Aus den folgenden Gründen kann es vorkommen, daß Sie die Rolle der Mutter der Welpen übernehmen müssen:

1. Tod der Mutter während oder nach der Geburt
2. Milchmangel und / oder fehlende Fürsorge der Mutter (Erstgebärende oder nach Schnittentbindung)
3. Aggressivität der Mutter gegen die Welpen (seltene Verhaltensstörung)
4. Milchdrüsenentzündung der Mutter
5. Schwere Allgemeinerkrankung der Mutter / Nachgeburts-Infektion (Eklampsie)

Notfälle nach der Geburt können einen „Rund-um-die-Uhr"- Einsatz bei der Versorgung der Neugeborenen erforderlich machen.

Normalerweise nehmen die Welpen täglich um ca. 10 % an Gewicht zu, ist dies nicht der Fall und schreien sie sehr viel, müssen sie zumindest zugefüttert werden.

Wie füttert man?

Mittels einer Babysaugflasche, bei sehr kleinen Rassen evtl. noch kleinere Gummisauger (Fachhandel); die Milch soll auf 37° C erwärmt werden, die Welpen müssen beim Saugen die Möglichkeit haben zu „treteln", was sie normalerweise tun würden, um die mütterlichen Milchdrüsen zu massieren. Hierfür legt man ihre Vorderbeine auf ein gerolltes Frotteehandtuch oder auf den Unterarm. Falls sie anfangs nicht selbständig saugen, mittels Einwegspritze (ohne Nadel) Milch eingeben. Dafür Welpen horizontal lagern und vorsichtig vorgehen, damit nichts in die Luftröhre gelangt!

Wie oft füttert man?

Anfangs alle 2 Stunden, mit einer nächtlichen Pause von max. 4 Stunden, ab der 2. bis 3. Lebenswoche alle 4 Stunden.

Wieviel füttert man?

Täglich bis $1/3$ des Körpergewichts des Welpen.

Was füttert man?

1	Handelsübliche Welpenaufzuchtmilch
2	Kälber-Milchaustauscher oder Milchpulver für menschliche Säuglinge
3	Mischung aus 50% Kuhmilch, 35% Magerquark, Eidotter und 1 Eßlöffel Speiseöl plus zugesetzte B-Vitamine (vom Tierarzt)
4	Ab der 4. Lebenswoche kann zusätzlich zur Milch, die erst mit der 5. bis 6. Lebenswoche abgesetzt wird, Beifutter gegeben werden: Hüttenkäse, Eigelb, Magerfleisch (Hühnchen oder mageres Rindfleisch), Haferflocken, gekochter Reis, Kinderbreinahrung – alles in Breiform (Mixer). Nach der 6. Lebenswoche wird auf Hundefertigfutter umgestellt.

Service

Service

► **Das ABC der Reanimation**

A	A = Atemwege freihalten
B	B = Beatmung
C	C = Cardiale Reanimation

► **Der Check-up im Notfall / Das ABC der Reanimation**

Die richtige Reihenfolge ist lebenswichtig für Ihren Hund. Da man naturgemäß in einer solchen Situation sehr aufgeregt ist, gibt es eine kleine Eselsbrücke für die Sofortmaßnahmen am Unfallort, nämlich das ABC der Reanimation. Auch der Tierarzt hält sich hieran. Und auch für ihn ist es eine gute Hilfe. Obwohl er technisch mehr Möglichkeiten zur Verfügung hat, macht er nichts anderes als Sie bei Ihrem ABC:

A = Atemwege freihalten

Polytraumapatienten (s. S. 36) fallen leicht ins Koma, und nachdem sie bewußtlos geworden sind, erbrechen sie oft. An diesem Erbrochenen, aber auch an anderen Hindernissen im Maul / Schlund, wie geronnenem Blut oder Schleim, können die Tiere ersticken. Öffnen Sie das Maul des Hundes weit, ziehen Sie die Zunge hervor, und überprüfen Sie, ob sich Erbrochenes, geronnenes Blut oder Schleim darin befindet, falls ja, entfernen Sie alles (bis zum Zungengrund / Schlund) mit der Hand.

Sehr kleine Hunde können auch kopfüber geschüttelt werden, so daß Atmungshindernisse aus dem Maul fallen (jedoch nicht bei vermuteten Wirbelsäulenverletzungen anzuwenden).

Um Atmungshindernisse zu entfernen: Maul weit öffnen und tief hineinsehen.

B = Beatmung bei Atemstillstand

Für die künstliche Beatmung des Hundes gibt es zwei Möglichkeiten:

DIE AKTIVE KÜNSTLICHE BEATMUNG ► Diese heißt so, weil man aktiv Sauerstoff in die Lunge des Hundes befördert. Man bläst wie bei der künstlichen Beatmung des Menschen Luft in (Maul und) die Nase. Hierfür umschließt man mit beiden Händen das gesamte Maul des Hundes, damit beim Einblasen keine Luft aus dem Lefzenbereich entweicht. Der Hals des Hundes wird hierbei gestreckt. Es wird nur so lange und mit so viel Druck eingeblasen, wie notwendig ist, daß sich der Brustkorb hebt (wie bei der normalen Atmung). Der Hund entläßt die eingeblasene Luft passiv von selbst.

Man wiederholt diesen Vorgang so lange, bis der Hund von selbst wieder atmet, in einer Frequenz von einem Atemzug alle

Aktive, künstliche Beatmung: Die Hände umschließen die Schnauze, der Hals ist gestreckt und die Luft wird eingeblasen.

2 bis 3 Sekunden. Das bedeutet, Sie zählen „ 21, 22, … Einblasen" usw.

Aus Hygienegründen kann auch ein Taschentuch zwischen Maul / Nase und eigenen Mund gelegt werden; die Beatmung wird jedoch durch diesen künstlichen Wiederstand etwas schlechter.

DIE PASSIVE KÜNSTLICHE BEATMUNG ▶ Diese heißt so, weil der Sauerstoff in der Luft passiv vom Hund eingesogen wird, da der Brustkorb vorher komprimiert wurde.

Je nach Größe des Hundes wird mit einer oder mit beiden Händen stoßartig auf den Brustkorb (da, wo die Rippen zu fühlen sind) des Hundes in Seitenlage gedrückt. Man hört, wie die Luft aus den Atemwegen entweicht. Danach wird losgelassen, so daß der Brustkorb wieder seine normale Form annimmt. Dadurch wird passiv Luft in die Atemwege eingesogen.

Diese Technik bietet sich vor allem für sehr kleine Hunde an, da hier die Mund-zu-Maul / Nase-Beatmung oft technisch schwierig ist. Man kann aber auch aktive und passive Beatmung miteinander kombinieren. Die Frequenz für diesen Vorgang ist wiederum einmal pro 2 bis 3 Sekunden.

Passive künstliche Beatmung: Der Brustkorb wird stoßweise komprimiert und danach losgelassen.

C = Cardiale Reanimation bei Herzstillstand
(cardial = herzbezogen)

DER PRÄCORDIALE FAUSTSCHLAG ▶ Das Herz als Muskel wird nicht durch Willenskraft zum Schlagen gebracht, sondern es erregt sich von selbst immer wieder zum Zusammenziehen seiner Muskelfasern. Hierfür hat es ein eigenes Erregungszentrum, wo ein elektrisches Potential aufgebaut wird, welches den Muskel erregt. Man kann auf unterschiedliche Weise „von außen" versuchen, dieses Erregungszentrum zu reaktivieren (Prinzip Herzschrittmacher). Hierbei benutzt man einen elektrischen Stromschlag.

Genauso wirksam kann ein mechanischer Schlag sein, d.h. ein Faustschlag auf die Gegend des Erregungszentrums, welches im Vorhof des Herzens liegt. Dies hat aber nur einmal Sinn, denn wenn es beim ersten Mal nicht klappt, funktioniert es auch beim zweiten Mal nicht und hat auch nur in der ersten Minute nach einem Herzstillstand Erfolg. Das setzt voraus, daß man weiß, wann der Herzstillstand eingetreten ist (man muß also zu dieser Zeit abgehört haben).

Technik: Sie schlagen mit Ihrer Faust kräftig auf die linke

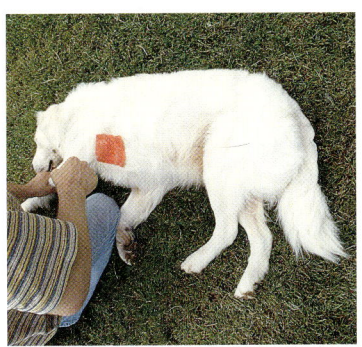

Der präcordiale Faustschlag: Er wird einmal in der 1. Minute des Herzstillstandes durchgeführt.

> **TIP**
> *Auch häufiges Rubbeln über Rippen- und Brustbein-Bereich kann die Atmung wieder anregen!*
> *Nicht der fehlende Pulsschlag, sondern das Fehlen von Herztönen beim Abhören ist ausschlaggebend für die cardiale Reanimation.*

**Direkt hinter dem Ellenbogen be-
findet sich die Herzregion .**

**Dem präcordialen Faustschlag
folgt die Herzmassage direkt über
dem Herzfeld.**

Brustkorbseite oberhalb des Ellenbogens im
Bereich der zweiten Rippe.

   Der Schlag sollte der Größe des Hundes angepaßt sein, aber dennoch kräftig. Man kann
dabei sogar unabsichtlich eine Rippe brechen,
aber in diesem Augenblick hat zunächst die
Herzfunktion absolute Priorität, das heißt, daß
eine gebrochene Rippe auch bei der Herzmassage in Kauf genommen werden kann, möglichst aber vermieden werden sollte.

DIE HERZMASSAGE ►   Diese schließt sich
einem präcordialen Faustschlag unmittelbar an,
falls das Herz immer noch nicht schlagen sollte.

   Das Prinzip ist immer dasselbe: Stoßartiger
Druck auf das Herzfeld von außen mit anschließender Entlastung (wie beim Menschen
auch), in einer Frequenz von etwas mehr als
einmal pro Sekunde (Sie zählen: „20, Stoß,
21,…“).

   Die Kraft muß – wie auch beim präcordialen Faustschlag – der Größe des Hundes angepaßt sein.

   Das Herzfeld befindet sich auf der linken
Brustkorbseite, über einer gedachten Waagerechten vom Ellenbogen aus zwischen 3. und
6. Zwischenrippenraum.

   Sehr kleine Hunde (z.B. Yorkshire-Terrier):
Druck durch den Daumen, Hund in Rückenlage, die linke Hand umfaßt den Brustkorb.

   Kleine Hunde (z.B. Beagle): Druck durch
die Handfläche einer Hand, Kraft aus dem
Oberkörper, Hund liegt auf der rechten Seite.

   Große Hunde (z.B. Schäferhund): Druck
durch beide aufeinandergelegte Hände (wie
beim Menschen), Kraft aus dem Oberkörper,
Hund liegt auf der rechten Seite.

► **Der Gesundheitscheck**

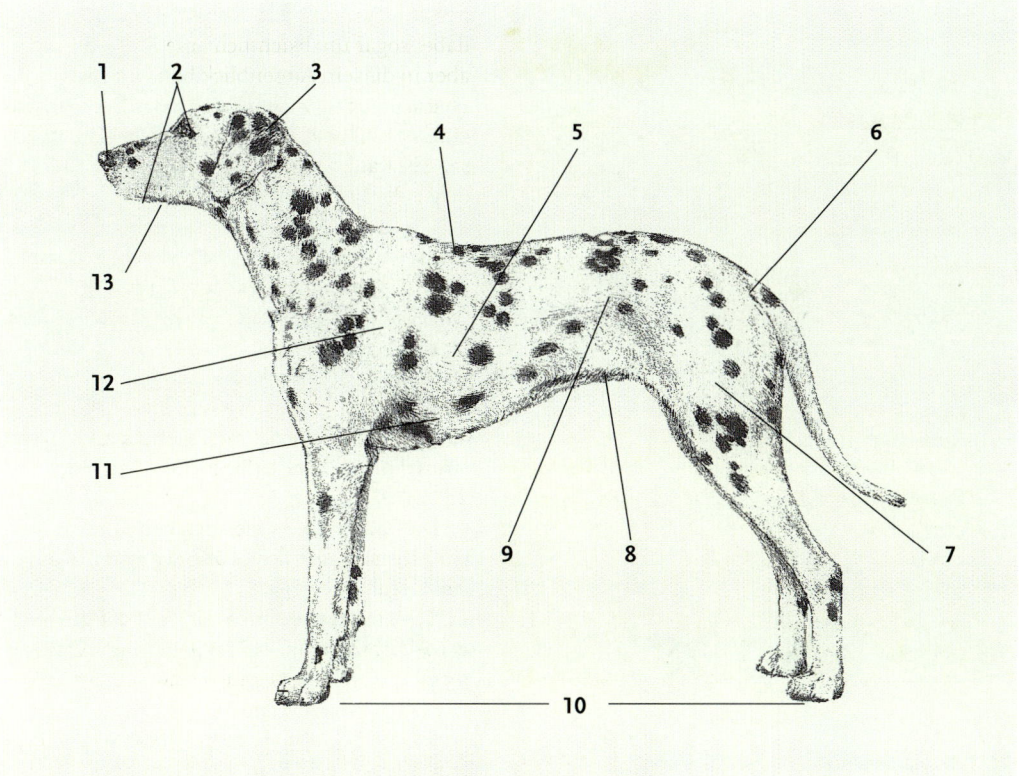

Bitte prüfen Sie die folgenden Stellen immer genau:

1 Nasenausfluß?
2 Schleimhautfarbe?
3 Schütteln, kratzen, stinken?
4 Hautturgor normal?
5 Atmung normal?
6 Durchfall? Körpertemperatur normal?
7 Pulsfrequenz normal?
8 Schmerzfrei bei Druck?
9 Ohne Umfangsvermehrung?
10 Lahmheit?
11 Herzfrequenz normal?
12 Fell glänzend?
13 Gebiß?

► **Rechtsratgeber**

Was passiert z.B., wenn der Hund derartig verletzt ist, daß er unverzüglich die Hilfe eines Tierarztes braucht? Wer kommt dann für diese Kosten auf?

Derjenige, der einem Hund ErsteHilfe leistet, hat zu bedenken, ob diese dem mutmaßlichen Willen des Eigentümers des Hundes entspricht bzw. in dessen Interesse liegt. Das ist jedoch nicht der Wille, den der Hilfeleistende subjektiv annimmt, sondern derjenige, den der Eigentümer des Hundes bei objektiver Beurteilung aller Umstände geäußert haben würde.

Im vorliegenden Fall bei einer Hilfeleistung zur Gefahrenabwehr mildern sich jedoch die Haftungsgrundsätze. Gem. § 680 BGB hat der Hilfeleistende bei einer drohenden dringenden Gefahr gegenüber dem Eigentümer des Hundes nur Vorsatz und grobe Fahrlässigkeit zu vertreten. Der Hilfeleistende hat sich also genau zu vergegenwärtigen, ob es nicht doch noch möglich wäre, den Eigentümer des Hundes zu erreichen, damit dieser selbst die entsprechende Hilfeleistung bestimmen kann. Nur in wirklich dringenden Notfällen sollte dann der Hilfeleistende auf eigene Faust einen Tierarzt beauftragen. Die Gefahr, auf den Tierarztkosten später „sitzenzubleiben", ist nach der Rechtslage als äußerst gering einzuschätzen.

Im Notfall jedoch ist der Tierarzt auch ohne Aufforderung zur Leistung der Ersten Hilfe verpflichtet (§ 2 Berufsordnung), was bedeutet, daß der Finder ihn nicht beauftragen muß und somit eigentlich auch nicht für die Vergütung des Tierarztes herangezogen werden kann. D. h., es genügt bei einem Notfall, daß der Finder dem Tierarzt vor jeglicher Behandlung mitteilt, daß er nicht gewillt ist, die entstehenden Kosten zu übernehmen. In vielen Kreisen übernimmt außerdem die Stadt die Vergütung des Tierarztes für Leistungen an Fundtieren, wenn es sich um Haus- oder Heimtiere handelt und der Besitzer bzw. Halter nicht ermittelt werden kann.

Wird man bei der Hilfeleistung von einem verletzten Tier gebissen und erleidet Verletzungen, so kann man nur hoffen, daß der Hundehalter entsprechend haftpflichtversichert ist, ansonsten steht man bei Vermögenslosigkeit des Hundehalters vor dem gleichen Problem, daß man zwar vor Gericht Schadensersatz bzw. Schmerzensgeldansprüche einklagen kann, diese sich aufgrund der finanziellen Lage des Hundehalters jedoch nicht realisieren lassen.

► **Info**

Einem verletzten oder in Not geratenen Hund Erste Hilfe zu leisten, ist ein Gebot der Menschlichkeit und des Tierschutzes. Trotzdem stellt sich bei aller Hilfsbereitschaft die Frage nach den rechtlichen Konsequenzen, die eine Hilfeleistung auslösen könnte.

Der Hundehalter sollte auf jeden Fall über eine entsprechende Haftpflichtversicherung verfügen, da bei Schäden, die von seinem Tier verursacht worden sind, der Hundehalter als Haftender erheblich belastet werden kann. Dieses ist gegeben bei einer akuten lebensbedrohlichen Situation eines Organs oder Gewebes eines Lebewesens, die den Tod oder eine irreparable Schädigung des Organismus zur Folge hat. Die Haftungsfragen werden in den §§ 833, 834 BGB abschließend geregelt. Das Bürgerliche Gesetzbuch unterscheidet zwar zwischen dem Tierhalter und dem Tierhüter, doch beide haften gem. § 840 BGB als Gesamtschuldner. D.h., der Verletzte kann sowohl von dem einen wie auch von dem anderen seinen Schaden ersetzt verlangen. Für die Tierhaltung wird hinsichtlich der Haftung das sogenannte Gefährdungsprinzip aufgestellt.

Auch wenn wir allgemein unseren Hund als Haustier bezeichnen, so sind Haustiere nach dem Gesetz zahme Tiere, die vom Menschen in seiner Wirtschaft zu seinem Nutzen gezogen und gehalten werden, wie z. B. Pferd, Esel, Rind, Schwein, Ziege, Schaf, Hund, Katze und Geflügel.

Wird jedoch das Tier aus Liebhaberei gehalten, und das dürfte wohl für die meisten Hundeliebhaber zutreffen, so handelt es sich um ein sogenanntes Luxustier, für das nach dem Prinzip der Gefährdungshaftung gehaftet werden muß.

Das erwähnte Problem der Haftung für ein entlaufenes Tier bedarf wegen seiner praktischen Bedeutung und wegen des damit zusammenhängenden Fundrechts noch einiger Ergänzungen:

Entläuft ein zahmes Tier, also unser Hund, haftet der Hundehalter auch für den Schaden, den das entlaufene Tier anrichtet. Andererseits hat der Finder des Hundes den Fund der örtlichen Polizeibehörde unverzüglich anzuzeigen. Erforderlich gewesene Aufwendungen kann der Finder vom Empfangsberechtigten zurückverlangen. Darüber hinaus hat der Finder bei einem verlorenen Tier einen Anspruch auf Finderlohn.

In der Praxis wird es sich meist jedoch so abspielen, daß der Fundhund beim örtlichen Tierheim abgeliefert wird. Eine derartige Verfahrensweise kann nur dringend empfohlen werden, um als Finder nicht erhebliche Aufwendungen für den gefundenen Hund erbringen zu müssen, die einem später vielleicht niemand ersetzt.

Michael Monthofer, Rechtsanwalt

> **TIP**
>
> *Nicht vergessen werden darf jedoch auch die Konstellation, daß der Eigentümer des Hundes u. U. nicht über die finanziellen Mittel verfügt, um die Hilfeleistung des Tierarztes bezahlen zu können. Das würde im Klartext bedeuten, daß dann der Helfer für etwa anfallende Tierarztkosten aufkommen müßte. Es empfiehlt sich also immer, bei vermutlich kranken Tieren die Polizei oder den örtlichen Tierschutzverein zu verständigen, um einem derartigen „Kostenrestrisiko" aus dem Wege zu gehen.*

▶ **Zum Weiterlesen**

Becvar, Dr. Wolfgang: Natur-
heilkunde für Hunde.
Grundlagen, Methoden,
Krnaakheitsbilder
Stuttgart 1994.

Brehm, Dr. Helga: Hunde-
krankheiten. Kosmos-Ver-
lag, Stuttgart 1995.

Kejcz, Yvonne: Unser Hund
wird alt. Pflege,
Ernährung, Beschäftigung,
Gesundheitsvorsorge,
Stuttgart 1994.

Rakow, Dr. Barbara: Der
homöopathische Hunde-
doktor. Stuttgart 1999.

Stein, Petra: Bach-Blüten für
Hunde. Stuttgart 1997.

Tellington-Jones, Linda und
Sybil Taylor: Der neue Weg
im Umgang mit Tieren.
Die Tellington-TTouch-Me-
thode. Stuttgart 1993.

▶ **Adresse**

Bundestierärztekammer
Oxfordstraße 10
53111 Bonn
Tel. 02 28 / 72 54 60
(dort erhalten Sie Auskunft
darüber, wo Erste-Hilfe-Kurse
stattfinden)

▶ **Register**

Hinweise des Autors in eigener Sache:

Die vorgestellten Maßnahmen und das vermittelte Wissen ersetzen keinesfalls den Tierarztbesuch und die tierärztliche Behandlung. Die „Anzeichen" zu den einzelnen Erkrankungen stellen nur die häufigsten dar, sind also nicht vollständig und kommen v.a. nicht immer gemeinsam und deutlich sichtbar vor. Die medizinischen Zusammenhänge sind für den Laien erklärt und haben keinen Anspruch auf 100%ige medizinische Korrektheit.

Alle Angaben in diesem Buch sind sorgfältig geprüft und geben den neuesten Wissensstand bei der Veröffentlichung wieder. Da sich das Wissen aber laufend weiterentwickelt und vergrößert, muss jeder Anwender selbst prüfen, ob die Angaben nicht durch neuere Erkenntnisse überholt sind. Dazu gehört z.B., im Zweifelsfall den Tierarzt zu konsultieren, Beipackzettel zu Medikamenten zu lesen, Gebrauchsanweisungen und Gesetze zu befolgen.

Bildnachweis

Kosmos Verlag (Marc Rühl, alle Aufnahmen mit Frank Lausberg und Rico; Christof Salata, S. 50, 77, 82, 97, 99, 103; Jean Christen, S. 39; Thomas Höller, S. 30, 43, 46, 56); Juniors Bildarchiv (S. 7 U. Schanz, S. 8 M. Gsteu, S. 11 H. Notaro, S. 66 M. Bohle); Eva-Maria Krämer (S. 4/5, 60, 64, 71, 79, 86, 108, 111); Ulrike Schanz (S. 73); Carola Toischel (S. 37).

Zeichnungen von Milada Krautmann (S. 117) und Schwanke & Raasch (S. 72).

Umschlaggestaltung von Atelier Reichert, Stuttgart, unter Verwendung von drei Farbfotos von Marc Rühl.

Mit 75 Farbfotos und 2 SW-Zeichnungen

Bibliografische Information der Deutschen Nationalbibliothek
Die Deutsche Nationalbibliothek verzeichnet diese Publikation in der Deutschen Nationalbibliografie; detaillierte bibliografische Daten sind im Internet über http://dnb.ddb.de abrufbar.

Unser gesamtes lieferbares Programm und viele weitere Informationen zu unseren Büchern, Spielen, Experimentierkästen, DVDs, Autoren und Aktivitäten finden Sie unter **www.kosmos.de**

Postfach 14 03 53
53058 Bonn

info@gkf-bonn.de

© 1999, Franckh-Kosmos Verlags-GmbH & Co. KG, Stuttgart
Alle Rechte vorbehalten
ISBN 978-3-440-07691-0
Lektorat: Cordula Beelitz-Frank
Projektleitung: Angela Beck
Grundlayout: Friedhelm Steinen-Broo, eStudio Calamar
Produktion: Kirsten Raue
Satz und Layout: TypoDesign, Kist
Printed in The Czech Republic/ Imprimé en République Tchèque

Hundepaß

▶ NAME

▶ GESCHLECHT

▶ TÄTOWIERUNG

▶ GEWORFEN AM

▶ BEKOMMEN AM

▶ BESONDERE MERKMALE

▶ WICHTIGE ADRESSEN

▶ ZÜCHTER

▶ TIERARZT

▶ TIERÄRZTLICHER NOTDIENST

▶ HUNDEVEREIN

▶ HUNDEPENSION

▶ HAFTPFLICHTVERSICHERUNG

▶ ZOOFACHHANDLUNG

InfoLine

Frank Lausberg

ist Tierarzt und setzt sich schon seit vielen Jahren für aktive Tierschutzarbeit ein. Diese beginnt bei ihm bereits bei der Verhütung von Unfällen und einem rechtzeitigen richtigen Eingreifen in Notfallsituationen. Deshalb führt er für interessierte Tierfreunde regelmäßig Kurse durch, die diese Erste-Hilfe-Maßnahmen für Hund und Katze in Theorie und Praxis leicht verständlich vermitteln. Seine größte Unterstützung erfährt er dabei von seinem eigenen Hund Rico, einem Golden Retriever Rüden. Rico hat er als Welpen bekommen und ihn von Anbeginn seiner Erste-Hilfe-Kurse als Hauptdarsteller zur Demonstration der wichtigen Handgriffe eingeplant. Inzwischen meistert Rico diese Aufgabe mit Bravour und fast stoischer Gelassenheit, so daß sich bei unserem Fototermin für dieses Buch mancher Passant vor Ort von Ricos schauspielerischen Leistungen beeindrucken ließ.
Frank Lausberg beantwortet Ihnen gerne Fragen zur Ersten Hilfe beim Hund. Schreiben Sie an die „Hunde-InfoLine" (bitte mit Rückporto):

**Kosmos Verlag
„Hunde-InfoLine"
Postfach 106011
70049 Stuttgart**